變身
幸福人妻

25個 心機小練習

佳樂——著

【序言：老公的成功離不開他的女人】

　　有人說，沒有女人，這個世界上就不會有成功的男人。女人是什麼？女人是老公的妻子，為他生兒育女，延續老公的生命；女人是老公的拐杖，為他提供有力的支撐點，從而不會摔倒；女人是老公的港灣，給他一個溫暖的歸宿，躲避狂風暴雨；女人是男人的肋骨，少了它，男人便再也挺不起腰杆……

　　這就是女人！

　　上帝說：「女人是上帝創造的天使，天使的使命就是為了成就她相伴一生的男人。」原來，女人是為了自己的老公而生的。

　　在足球場上，沒有人不會不知道貝克漢這個

名字，他的球技精湛，腳法獨特，因擅長弧線球而
聞名世界。然而足球歲月是短暫的，隨著年齡的增
長，隨著新秀的崛起，貝克漢逐漸在球場上黯然
失色。沒有了足球，那麼他的未來又會在哪裡？然
而，貝克漢姆是幸運的，因為他娶了維多利亞，維
多利亞看著自己老公在足球的世界日漸衰弱，於
是，她為他打造了一條金碧輝煌的商業大道。維多
利亞把貝克漢姆打造包裝成了一個聞名世界的足球
明星，讓他的商業價值遠遠大於他作為一名足球運
動員的價值。

　　貝克漢的背影剛離開了足球場上，又重新登上
了世界的舞臺，風光無限，被人們追捧為英格蘭王
國的萬人迷。如果說足球讓貝克漢姆成名，那麼維
多利亞卻讓貝克漢走上了成功。

　　世界首富比爾‧蓋茲，一個無人可以比擬的人
物，他的微軟帝國統治著全球的電腦行業。然而，

這位巨人的成功離不開他的女人——梅琳達。在工作上，她是比爾蓋茲的得力助手，她在微軟做出了驕人的業績，並且修正了WINDOWS的致命失誤，避免了微軟的一次重大危機。同時，梅琳達還是蓋茲的紅顏知己，兩人都是工作狂，都喜歡下班後在辦公室裏加班，蓋茲曾對梅琳達說：「請你永遠為我點亮這盞燈！」蓋茲許多次對微軟重大的決策，都是在下班後和梅琳達一起完成的。在生活中，梅琳達為蓋茲生下一雙兒女，把家裏收拾得十分溫馨，還建了一個家庭圖書館。兩人還經常玩猜謎、拼圖等智力遊戲，去非洲度假，進行野外生火的比賽等。

這些都對比爾‧蓋茲產生了巨大的影響，正是由於梅琳達無微不至的呵護和關愛，比爾‧蓋茲才會一步步走向更大的成功。

可見，男人光鮮亮麗的身影下，一定離不開他的女人無私的支持與奉獻，男人成功的背後，一定

有他的妻子在不斷地成就著他。

作為女人，一生最大的成功並不是自己取得多大的成就，因為女人就像是一朵盛開的開花，她終歸要插在一個屬於她的花瓶上，她最後都必須要嫁給她的老公。只有讓自己的老公功成名就了，那麼這個女人才是成功的女人，因為老公成功了，女人得到的便是幸福。

所以，聰明的女人應該學會去成就自己的老公，女人是老公的半邊天，你需要讓你的老公從頹廢到奮起，從平庸到卓越，從讓別人所瞧不起到讓令人刮目相看，從一無是處到大展宏圖……

那麼，如何去成就自己的老公？親愛的女性朋友們，當你們耐心品讀完這本書，一定會使你有所領悟，獲得成就老公的一些好方法，從而為自己的老公打造出一條成功之路，為自己打開一扇幸福之門。

【序言：老公的成功離不開他的女人】

ONTENTS 目錄

Chapter 1
你的老公是個什麼樣的人

女人應該得知老公是一個怎樣的人，不能糊裡糊塗地是誰都跟他過一生，最好選擇對的人相伴。

Chapter 2

你瞭解你的老公嗎？

很多時候，和老公之間產生了矛盾，是因為不了解，所以，女人
應該從瞭解自己的老公著手去成就自己的老公。

Chapter 3

讓將來的你愛上將來的他

老公現在不好並不代表著將來不好，你會改變他，成為你的如意郎君。

Chapter 4
妻子是老公的知己

女人要成就老公，必須要和老公交心，成為他的知己，會讓你的老公如虎添翼。

Chapter 5

讓他成為你想要的

女人需要有謀略，讓老公變成你的理想男人，這會讓他看起來更完美，你也更有優越感。

Chapter 1
你的老公是個什麼樣的人

女人應該得知老公是一個怎樣的人，不能糊裡
糊塗地是誰都跟他過一生，最好選擇對的人
相伴。

1　老公有哪些脾氣

　　曾聽一位女人這樣抱怨說：「我老公什麼都好，一天到晚忙於工作，拼命賺錢，回家後對我也是溫柔體貼，照顧有加，幾乎從來不讓我做任何的家務事，可謂是一個上得廳堂，下得廚房的好男人，唯一不好的就是他那臭脾氣。一旦他的驢脾氣上來了，就是九頭牛也拉不回來，有時真的讓人有點受不了！」是的，每個男人多多少少都會有自己的脾氣，有的男人脾氣大，有的脾氣小，有的容易暴躁，有的喜歡因為一點小事而發火⋯⋯

　　男人的脾氣就像是一團火焰，往往給家庭生活帶來災難。而這時作為老公妻子的你，該怎麼做呢？當你的老公發脾氣的時候，你會採取什麼樣的態度和辦法呢？有的女人則採取「火上澆油」的

方式，老公發脾氣，自己也跟著發脾氣，針尖對麥芒，兩個人彼此互不相讓，彼此在那裏不停地掐架、爭吵。由於男人有氣無處撒，往往會把這些負面的情緒帶入工作中去，嚴重地可以影響到他的前途和事業。其實說到底，兩個人或許就是為了爭那一口氣，聰明的女人懂得在老公發脾氣的時候，懂得忍讓，懂得去成就自己的男人。

聰明的女人會瞭解自己的老公會有哪些壞脾氣，當老公發脾氣的時候，就會採取一些措施，讓老公的那團怒火漸漸地熄滅，有的女人甚至採取「釜底抽薪」的方式，讓自己的老公脾氣還沒發出來，就消解於無形之中了。

徐娟以前在家是父母的掌上明珠，過著飯來張口、衣來伸手的生活，在家從來沒有幹過一件家務，進過一次廚房。婚後，無奈當了家庭主婦，於是和老公採取AA制式生活，比如家務活兩人輪流做，做飯、洗碗一人一半活。儘管這樣，對於平時

不怎麼操持家務的徐娟來說，也是很不容易，只是無奈平時丈夫工作很忙，才不得已而為之。

這天，眼看快到晚飯時間了。徐娟躺在電視前的沙發看最新的時裝秀，根本不想做飯，除此之外，浴室裏還有一堆髒衣服要洗。可是她今天什麼都不想做，懶毛病又犯了。

終於，丈夫下班回來了。一進門就問：「老婆，今晚你做了什麼好吃的，我都快餓死了！」

徐娟沒有回答，眼睛只顧著盯著電視。丈夫走到廚房，看到鍋空灶冷，有點生氣，說：「你越來越不像話了，你難道不知道我每天都很忙很累麼？」說完一屁股坐在了沙發上，不再吭聲。

這時徐娟知道老公今天是真的生氣了。心裏嘀咕著：「人家嫁給你之前本來就不會做飯麼，你早知道這樣，幹嘛要娶我？」可是轉念一想，今天是自己不對，如果再使小性子，無疑是火上澆油，到時候不好收場。徐娟知道丈夫是一個刀子嘴、豆腐心，於是從沙發上蹭到丈夫面前，撒嬌說：「今

天人家不想做飯嘛，要不我晚上請你外面吃吧。好啦，不要生氣啦，下次我一定遵守我們家的勞動制度，我給你按摩按摩。」說完，在老公臉上親了一口，在老公肩膀上錘錘、捏捏。

丈夫看到妻子小鳥伊人的樣子，頓時氣消去了大半，不忍心再加責備。站起來身，說：「好啦，好啦，真拿你沒辦法，還是我伺候你吧。」說完，朝著廚房走去。

一個小時過後，兩菜一湯呈現在了餐桌上，有葷有素，香味飄香。吃飯的時候，徐娟特意誇讚了幾句，說今晚的菜做得特別香，都吃撐了。吃完了，丈夫也沒叫她去洗碗，自己收拾了碗筷，清洗了乾淨。

緊接著，丈夫一聲不吭地把浴室裏的衣服也洗了。徐娟聽著老公在裏面的搓衣聲，開心地笑了。

面對發脾氣的男人時，女人應當以退為進，以柔克剛，不管男人是什麼樣的脾氣，生猛的、火爆

的還是無緣無故喜歡撒野的。現實生活中，愛發脾氣的男人多半像個長不大的孩子，女人要如何來應對老公的脾氣的呢？不要著急，上天給了我們女人一個法寶——用撒嬌來對付他們。

有時因為意見不合或者出現一些小矛盾時，妻子適度撒一些嬌，用溫柔的方式，來成就自己的老公，這就好比是老公的拳頭打在了棉花上，無處著力，自然氣也就沒了，夫妻間的硝煙也隨之散到了九霄雲外。

心機小練習

男人的脾氣就像是一團燃燒的陽剛之火，而女人的溫柔就像是一池冰水，是澆滅老公怒火的最好方式。女人多一份溫柔，就多一份情趣，生活就更像生活，男人就會在你面前變得沒脾氣。

在男人發脾氣時，妻子應當主動讓步，讓步是調解夫妻矛盾的「緩衝劑」。

　　在老公發脾氣前，女人不妨抿著小嘴，跺著小腳，梨花帶雨似地撒撒嬌，這時心腸再硬、脾氣再大的男人也會甘拜下風。

② 瞭解老公的性格

　　人們常說：性格決定命運。一個女人要想成就自己的完美老公，首先要對老公的性格瞭若指掌，掌握了老公的性格，不僅可以讓夫妻間的生活更加美滿和諧，而且還有利於指導老公向更好的方面發展，追求更好的事業。然而，有的女人自信心十足，認為自己可以改變老公的性格，讓他對自己服服帖帖，唯命是從。

　　其實，這種想法是幼稚可笑的，俗話說，江山易改本性難移，你可以改變老公的脾氣，卻很難改變老公的性格。因為性格是伴隨一個人成長過程中形成的，很難改變。

　　如果你嘗試一下改變你老公的性格，往往會適得其反，往往彼此之間更容易發生不愉快。很多

妻子與丈夫之間雖然結婚了，後來因為發現彼此間的性格不和，最後不得不分道揚鑣，步入離婚的殿堂，其中很大的一個原因，就是女人總是想法設法去改變老公的性格，結果越改變越發現不了解自己的老公了，不知道老公為啥會是這樣。

那麼，你的老公究竟是一個什麼性格呢？是內向型還是外向型，是封閉還是開明，是自卑還是自信，是懶惰還是勤勞，是虛榮還是樸素，是偏執還是隨和，是狹隘還是心胸寬大，是貪婪還是怯懦的……

不管是你的老公屬於何種性格，只要你能真正認識到老公屬於什麼樣性格的人，就可以「對症下藥」。性格雖然一時很難改變，但是可以去在日常生活中，在一起生活的歲月長河中，慢慢去塑造，滴水穿石。

阿蘭的老公是一個性格頑固的人，往往自己認定的事情，別人很難去改變他的決定，即便事情本

身錯了，他也是將錯就錯。他也有自己的一些做人做事的原則，從來不打破，也不喜歡被別人打破。這種性格有時固然好，但是遇到有些事情卻非常令人頭疼。

作為老婆的阿蘭深有體會，知夫莫若妻，在家庭生活中，每當丈夫固執己見的時候，阿蘭只好選擇了退讓，凡事讓三分，有時候矛盾也就自然化解了。但是在公司，這種性格卻讓老公吃了大虧。因為有時候太固執，死板教條了，不僅不能討得老闆的喜歡，而且同事們也不願意和他走得太近。領導都喜歡那些見風使舵的人，在人前總是溜鬚拍馬，在人後逢年過節，總是會上門送些小禮。每當過節時，阿蘭都想讓老公帶著幾件禮品去領導家走走，熟絡熟絡感情。可是每次都被老公當面拒絕，老公說工作做得好與不好，不再背後使小動作。阿蘭卻認為這也算不上行賄受賄，只是員工和領導之間上下級的正常走動，加深彼此的感情而已。但是老公卻不願意為五斗米折腰，結果參加工作5年了，至

今都沒有被提上去。公司裏一些新來的員工，沒幹
幾年都被提拔上去了，這每每讓阿蘭的老公氣憤
不已。

阿蘭知道老公在公司裏有一個綽號，叫「一根
筋」。辦事一根筋，為人也一根筋。為了讓老公能
夠不再那麼固執，阿蘭決定嘗試去塑造老公為人方
圓的性格。於是，在每天的生活中，在餐桌上閒聊
時，在睡前吹枕邊風，動之以情，曉之以理，說一
些歷史故事，拉一些同事家裏家長里短，讓老公在
自己的言傳身教中去體會。

隨著一天天過去，阿蘭發現老公有時候也愛
「耍滑頭」了，有些時候懂得去變通了。其實，阿
蘭的老公心裏也很清楚，和領導、同事處理好關
係，是自己今後命運的關鍵，對自己的升職有很大
的幫助。只是有時候，自己的性格使然，有時候他
自己都覺得自己是一塊板磚，於是他也開始把性格
中的百煉鋼轉化成繞指柔，開始了柔韌化的自己頑
固的性格，學會順其周圍的環境，嘗試隨方就圓，

和同事們、領導們打成一片。平時請同事們去唱唱歌，陪領導去喝喝酒。

　　阿蘭看到自己的成果，欣喜不已。因為前不久，老公終於提升到了副主任。而老公也懂得了性格變動的好處，從一個頑固不化人見人厭的人，變成了一個懂得方圓的人。阿蘭為老公塑造的一種變通，使得他在公司裏，處江湖之遠，得到了同事們的喜歡；居廟堂之高，深得領導的心意。

　　可見，當老公擁有一個好性格時，可以在錯綜的人際關係網中，遊刃有餘，散發著魅力，從而在坎坷的生存之路上，戰無不勝。因此，作為女人，要想成為一名賢內助，成就自己的老公，就應當首先去瞭解老公性格上的優點和缺陷，然後加以塑造。

　　因為每一個人的性格就像是一個八面玲瓏的複合體，沒有絕對的完美性格的男人，所以女人不必為此苦惱不已。

男人的性格就像是一塊頑石，關鍵在於女人如何去打磨，他山之石，可以攻玉；男人的性格就好比是一面圓鏡，當你勤勞去拂去上面的塵土，自然會看到光明的一面；男人的性格是原本就是一塊深林的沉香，只要在女人手中加工，必將散發出迷人的芳香。

心機小練習

其實，女人要想讓老公變得更好，完全沒有必要去改變老公的性格，而應當去適應老公的性格。

雖然有時老公的某些性格比如太自我、大男子主義，但是你要記住他作為你一生最愛的人，你該怎麼辦呢？俗話說，嫁雞隨雞嫁狗隨狗，未免不是一種最為智慧的做法。

3 怎樣容忍他對你的忽視

　　很多婚後的女人聚在一起，都會討論這樣的一個話題：「男人都是善變的動物，結婚前對你百依百順，一個電話隨叫隨到，你指東他不敢往西。可是結了婚之後，女人便成了男人的累贅似的，忘記了你的生日、忘記了戀愛紀念日，甚至連結婚紀念日都忘了。女人不再享受婚前的女神待遇，而是從天堂墜落到了地獄。難怪人們會把婚姻比作是女人的墳墓，一旦踏進了這座圍城，就別再想有什麼出頭之日……」也許，你也會有這樣的談資，作為女人，往往最不能容忍的就是老公對自己的忽視。

　　有的女人認為，當老公開始忽視她的時候，是不再愛她的表現。如果一個男人足夠愛他的女人，會忽視她麼？其實，在實際生活中，並不是這樣的，心

細的女人會發現老公一直愛她的，只不過愛她的形
式發生了改變而已。戀愛的時候甜言蜜語則變成了
婚後的默默關心，婚前的種種口頭承諾變成了婚後
一天到晚忙著奮鬥事業，男人開始變得成熟起來，
懂得了家庭的責任，懂得如何才能讓自己的女人過
上更幸福的生活。所以，偶爾會顧此失彼，失去了
戀愛時候的耳鬢廝磨、如膠似漆的溫存與浪漫。

　　所以，女人應該懂得去成就自己的老公，改變
自己對老公的認識，改變角色的轉變，把更多的寬
容留給自己的老公，就像安德魯‧馬修斯在《寬容
之心》中說的那樣：「即便你的男人一腳踩扁了紫
羅蘭，但是卻把它的香味帶進了家裏。」

　　陳如和王強是大學時候的戀人，兩個人大學畢
業後，留在了同一座城市工作，並且很快結婚了，
建立了一個屬於自己的小家庭。婚後的生活雖然沒
有大學時候那麼浪漫，但是也過得很溫馨，兩個人
每天都在為工作而忙碌著。

日子就如同流水一般，一天天平淡地過著。然而，隨著日子越來越久了，陳如開始覺得婚姻生活並不像剛開始想像那樣的甜蜜，甚至不如婚前戀愛的時候過得開心和幸福。丈夫王強似乎也沒有以前對她那麼好了，也沒有以前對她那麼溫柔細心了。

有一天上班時，陳如突然感到肚子疼得很厲害，原來是自己例假來了。陳如只好向單位請了假，回家休息。回到家後，陳如一個人躺在家裏，家裏冷冷清清的，於是忍不住給老公王強打了一個電話，想讓老公給點安慰。可是，王強居然沒有接她的電話。過了一個小時，陳如又撥通了丈夫的手機，這次終於通了，陳如在電話裏告訴王強肚子疼，已經回家了。

此時的王強正在公司開會，聽到陳如說已經回家了，立馬放心了大半，於是說：「那你在家好好休息吧，我正忙著開會呢。」說完立馬掛了電話。

陳如聽著電話裏「嘟嘟」的掛斷聲，一行熱淚立馬奪眶而出，因為陳如知道王強知道自己有痛經

的毛病。婚前戀愛的時候，王強都會記得陳如的生理期，每次例假來，王強都會陪在自己身邊，還給她熬紅糖水。可如今，他變成了自己的老公，卻一點都不關心，不禁潸然淚下。

每當陳如看到自己同事的男朋友對自己女朋友百依百順的時候，陳如就感覺自己的老公沒有以前那麼愛他。尤其是王強因為工作忙，每次都忽視她的時候，這讓她很難容忍。

終於有一次，陳如和王強因為他沒有按時來接她，跟老公大吵了一架。吵架過後，兩個人冷戰著，其實陳如吵過之後，心裏也挺後悔的，自從戀愛到結婚，兩人還是第一次吵架。

這天下班回到家，陳如發現餐桌上做了一桌子好菜，她有點意外，老公今天為什麼下班這麼早，還主動為她做飯，難道是主動向她賠禮和好麼？

在吃飯前，王強從手提包裏拿出一份合同，交到了妻子的手裏。這是一份房屋購買合同，陳如翻看一看，上面寫著自己的名字。這份驚喜實在太大

了，她想不到自己的丈夫能夠在這麼短的時間裏，就為她買了一套房子。王強握著陳如的手說：「對不起，這段時間實在太忙了，沒能夠照顧好你，現在我們終於可以不用租房子了，以後有屬於我們自己的家了。」

聽了丈夫的吳儂軟語，巨大的幸福感湧上心頭，之前的委屈立刻煙消雲散。

作為女人不應該小家子氣，居家過日子，自然比不上戀愛時候的花前月下，當有時老公做出忽視老婆的事情時，作為妻子，應該給予老公一份寬容。

寬容是女人表現出的一種非凡的氣度、寬廣的胸懷，是對老公一種包容和接納；懂得寬容的女人，是懂得生存的智慧、生活的藝術，是看透了社會人生以後所獲得的那份從容、自信和超然。一個懂得寬容的女人，是一個懂得成就老公的女人，這樣的女人一定是精神充實、心靈純潔、靈魂美麗。

心機小練習

「天空收容每一片雲彩，不論其美醜，故天空廣闊無比；高山收容每一塊岩石，不論其大小，故高山雄偉壯觀；大海收容每一朵浪花，不論其清濁，故大海浩瀚無比。」

寬容能夠保持一種豁達的心境，臨危不懼，處亂不驚；也能讓老公彰顯出奪目的光彩，從而吸引到別人的讚美和擁戴。

寬容的女人不是軟弱，更不是無能，而是一種修養、一種風度。它可以使夫妻之間摩擦減少到最低的限度，忽視老公在工作中對自己的那份忽視，從而化衝突為祥和，化干戈為玉帛。

4 男人是下半身動物嗎？

　　在電影《非誠勿擾》中有這樣的情景：當葛優飾演的男主角面對第三次相親時，對方是一個性冷淡的女人。女人提出一個要求：一年只允許親熱一次。葛優聽了後，看了女人一會，表示再無興趣，於是便悻悻地離開了。看到這裏，也許很多女人會對著自己老公說：「你瞧瞧，你們男人都是靠下半身思考的動物。」

　　怎麼說呢？這句話看似有幾分道理。自從亞當和夏娃在伊甸園的蘋果樹下偷吃了禁果，男人和女人的結合本身也是一種原始欲望的結合。在現代的婚姻生活中，原本看起來很幸福的一對夫妻，有時候也會意外地分手，讓人無法捉摸。其中一個很大導致夫妻感情破裂的原因就是夫妻生活的不和諧。

女人也許在某種程度上需要的愛情，有時不能滿足老公的需要，讓夫妻生活失衡。這樣我們或許可以理解女人說的這句話了，男人對於女人的愛總是混合生理衝動了。有的女人認為，男人是缺乏情商的動物，可能所有的激情都是為了上床，親熱前，男人會百般柔情，親熱過後，男人會呼呼大睡，對旁邊的女人絲毫不管，讓她一個人一邊獨自整理衣物，一邊寂寞哀歎。

　　所以，很多女人往往在問：老公對自己有多少真愛，老公到底愛我什麼，是靈魂還是肉體？

　　其實，不要因為老公的需要而蒙蔽對男人的認知，因為夫妻生活本身就是男歡女愛的一部分，是幸福生活的必需品。試想，一個男人如果只是說愛你，而對你無欲無求，那是愛你麼？所以聰明的女人懂得如何去成就自己的男人，讓彼此都感受到幸福的感覺。

　　章甜甜和男朋友在大學就相愛了，那時候，他

們一起憧憬著美好的未來，牽牽手啊，散散步啊，日子過得平平靜靜的，兩個人非常恩愛。由於兩人都是比較傳統的思想，都希望把最難忘的一次留在結婚的日子。

可是，自從結婚了過後，兩個人住到一起。新婚燕爾，老公幾乎每晚都想有夫妻生活，有時剛吃過晚飯，以後，老公總是對章甜甜發出愛的訊息。剛開始的時候，章甜甜可理解老公，也認為這是老公對自己愛的表現，也就欣然接受。

然而，隨著婚姻生活一天天過下去，老公除了在這方面對自己感興趣外，其他的時候仿佛對自己一點也不感興趣，一點也不關心。兩個人在一起聊天，竊竊私語的時候越來越少，有時候老公一上來乾脆就直奔主題。這讓章甜甜感覺很為難，也很矛盾，她不知道老公到底是不是還愛自己，有了這種心理，章甜甜每次都是被動的接受。

有一次，章甜甜剛從外地出差回來，累得她渾身一點力氣都沒有，就想躺在床上好好休息一下，

你的老公是個什麼樣的人

睡上一覺，晚上老公提出要發生關係，並且說很愛她，面對老公根本不考慮自己的感受，章甜甜感到非常的傷心難過。

第二天，章甜甜對自己的好朋友說：「我現在真的很害怕和他一起生活，一起睡覺，我該怎麼辦？現在我們之間的唯一的話題就一直在這個問題上，讓我壓力很大。你說，這個男人是真的愛我嗎？」

好朋友聽了好友的訴苦，知道章甜甜婚姻生活並不是出在了愛情上，而是出在了夫妻生活不和諧上面。於是，告訴章甜甜一些夫妻生活的妙招，這樣既可以滿足丈夫的需要，又可以讓家庭生活變得更加和諧美妙。

章甜甜聽了好友的建議。有時候，章甜甜主動向老公提出要求，有時候還製造一些浪漫的氛圍，面對夫妻生活時，她不再產生抵觸和抗拒的心理，而是盡情地釋放自己。

漸漸地，章甜甜感覺到夫妻生活回到了正常

035

的軌道，老公也似乎比以前更疼愛自己，關心自己了。

　　有位哲學家說：「男人是因為性而愛，女人是因為愛而性。」在生活中，有些女人懂得男人是常被下半身左右著的，所以常用拒絕或者被動的方式，來接受自己的男人，認為這樣才能讓他對自己保持長久的激情。殊不知，這其實是對老公的一種折磨，因為老公沒有真正地得到滿足，往往會欲罷不能。既然都已經是夫妻了，為什麼還有那麼多的顧慮呢？為什麼這樣折磨對你有真愛的男人呢？聰明的女人應該對男歡女愛有個正確的認識，從而加深夫妻間的感情。

　　男人愛女人，一定會對女人有「性」趣，但是，在愛的範圍之內，這個「性」趣，是可以兩個人經營的，並不是老公一味地索取，女人一味地配合，這樣一來會讓老公始終無法得到最滿意的自己，給老公心中留下一道淒美的風景線。

有的女人認為，夫妻生活就應該像猴子掰玉米，永遠不要讓她得到最大最好的玉米，但是往往有時這樣做會適得其反，就像蘇格拉底的學生拾稻穗，可能已經錯過的最大的稻穗。

心機小練習

實現夫妻生活的和諧，就需要夫妻間進行不斷地磨合，北歐的格言說：夫妻生活的前半段只是實現了生理需要，而後半段則是實現了心理需要。

老公有時就像燉一鍋湯，一定要用小火慢慢地熬，只要時間到了，湯的味道會更加鮮美，而掌握火候的人往往是女人自己。

女人應該主動去交流和共用，來加深愛情，這個時候女人如果學會「吹枕邊風」，往往是成就老公最有效的時機。

5　你的老公愛撒謊嗎？

　　希臘有句諺語這樣敘述女人：「女人的一生都是從謊言中度過的。」也就是說，男人都是愛撒謊的，男人總是喜歡用謊言來騙取女人的信任。

　　在婚姻、愛情的世界裏，男人天生有一張愛說謊的嘴，女人憑的就是一張嘴。聰明的男人懂得，女人天生有一對愛聽謊言的耳。比如女人都喜歡聽甜言蜜語，於是男人便編織各種美麗的話語來誇讚女人，讓女人心裏偷著樂開了花。那麼，作為女人，你的老公愛對你撒謊嗎？如果他是愛說謊的男人，你是否該信任你的老公呢？

　　如何對待撒謊的老公？有的女人選擇一哭二鬧三上吊，當發現自己老公一而再、再而三地欺騙她的時候，她便選擇不再相信自己的老公，即便有時

候老公說的是真話。因為她選擇「寧願相信這世界上有鬼，也不要相信男人那張嘴。」在女人眼裏，男人總是這樣的：說話花言巧語，做事投機取巧，對女人三心二意等，所以，在很多女人們看來，找個好老公難，找個老實可靠的老公更是難上加難。其實，這是笨女人才會這麼想。

　　要知道，女人天生也愛撒謊。男人也一樣，幾乎每個男人都會對自己妻子撒過謊，沒有謊言的家庭生活是在真實生活中不存在的。當男人對你撒謊的時候，你應該選擇去信任自己的丈夫，即便你明知道這是謊言，而不要去當面拆穿它，而是想方設法讓自己的老公今後不再對自己撒謊。如果你當面拆穿了謊言，也就當面捅破了彼此之間信任的那層窗戶紙。一旦夫妻間彼此失去了信任，那麼勢必就會危機到了夫妻之間的感情，讓夫妻生活早早地亮起了紅燈。因為信任是愛情這座大廈的基礎，當你摧毀了這個基礎，那麼愛情的大廈便搖搖欲墜，會有傾塌的危險。

　　王志玲結婚已經5年了，5年的婚姻時間裏，她和丈夫雖然也有過爭吵，但是她對自己的男人卻從沒懷疑過，可是有一次，丈夫的一個謊言差點讓她改變了對丈夫的看法。

　　那天丈夫很晚才回來，丈夫那天酒喝多了，王志玲幫丈夫脫著外套，無意發現在丈夫的襯衫領口上有一個模糊的口紅印子。

　　王志玲聞了聞，確定是女人留下的，就隨口問一句「這是那個女人的啊？」

　　丈夫看了王志玲一眼，堅定地說：「就和幾個同事在一起喝酒，這個是公司一個男同事作惡劇弄上的。」

　　王志玲知道丈夫說謊了，因為憑自己的直覺，丈夫領口處那個口紅印子就是女人的，她不敢相信：丈夫在外面有了女人。

　　可是，這種事沒有親眼看到，決不能捕風捉影瞎猜，冷靜的王志玲清醒地意識到這一點。但是，

不管王志玲事後怎麼盤問丈夫，但丈夫堅持說是男同事作惡劇留下的。

「是哪個男同事，你總得告訴我吧。」王志玲說。

「幹嘛要知道呢，你要是打電話驗證，他們會笑話我的。」丈夫說。

「那就是女人的，從口紅的味道判斷，還是名牌化妝品，那個男同事會拿這麼貴重的名牌化妝品和你開玩笑，騙鬼呀你。」王志玲說得丈夫啞口無言。

其實，王志玲不是一個小肚雞腸的敏感女人，她也不願意無端地懷疑丈夫，但丈夫那天晚上的謊言卻又將她的心折磨得很痛苦。

一個月之後，王志玲碰見丈夫的同事，不經意說起口紅的事，老公的同事把事情的來龍去脈說了出來。

原來，那天丈夫確實在和公司的幾個同事在外邊喝酒，只是後來大家都喝多了，其中一個同事

喝得更是已經不省人事，丈夫只好打電話叫來了他的妻子，在他幫著同事妻子扶同事出門下階梯的時候，同事一不心推了自己妻子一把，還好丈夫及時扶住了同事的妻子，而就在那時，同事妻子撞粘到了丈夫的身上，就留下了一處口紅。丈夫害怕妻子誤會，雖然已經拼命擦去了，但還被妻子發現了。他害怕說不清楚，於是就乾脆撒了一個謊。

其實，男人說謊無非逃不開兩個原因：一是不想讓那些生性多疑的女人多心，二是想隱瞞真相，不想和你過下去了，謊言是個權宜之計。所以當女人面對男人的謊話時，首先要學會冷靜下來分析，不要因為男人一個謊言就以最快的速度否定了這個男人，否定了和這個男人的感情。要試著以客觀的心態去分析男人，究竟是什麼原因對自己撒了謊。

可以說男人就是撒謊的動物，有時候他們寧願用謊言去蒙混過關，也不願意去向女人解釋什麼。

因為在他們看來，有些事向女人解釋最好用謊言，因為那更簡單明瞭。男人的有些謊言，只是為了避免不必要的傷害，也就是所謂的善意的謊言。如果你一定要認死理，一定要揭穿這個謊言，打破原本的美好，那麼，最後你只會搞得兩敗俱傷。女人如果不想用男人的謊言來折磨自己，就一定要學會在給他們「定罪」之前，弄清楚他們撒謊的動機。

女人如水，老公如山，水環繞著山，山依傍著水，本來是如此自然而美好的畫卷。山本身其實是穩重的，不是女人嫁不到老實的老公，而是這個女人遇到不老實的男人，會不會因為這女人而變得老實。所以，老公沒有所謂的可靠和不可靠，關鍵取決於他身邊的女人如何去「成就」他的謊言。

心機小練習

女人不能太任性。任性的女人，老公會把她當孩子，甜言蜜語寵著，一切順著來就可以了。在這

樣的女人面前，老公會認為似乎沒有說真話的機會和必要，誰會跟一個孩子認真呢？

　　讓老公看到你的智慧。男人為什麼會不老實，因為老公認為面前的女人笨，可以敷衍了事，所以女人一定要讓老公知道自己其實有周密的思維和判斷能力，讓老公有賊心沒賊膽。

Chapter 2
你瞭解你的老公嗎？

很多時候，和老公之間產生了矛盾，是因為不
了解，所以，女人應該從瞭解自己的老公著手
去成就自己的老公。

6　被誤解的老公

　　男人有時和女人不一樣，當一個男人被自己的妻子誤解的時候，他往往不會選擇去解釋什麼，男人會把這種誤解放在心裏，有時甚至會生悶氣，而不像女人被誤解時，往往會立即表像出來。

　　當你的老公被誤解時，他也許表面上看起來很平靜，甚至若無其事，但是此時的老公就像一座正在休眠的火山，當能量積累到一定程度的時候，就會噴發出來，那時的釋放出來的能量，帶來的毀滅性和傷害程度是巨大的。

　　所以，要想讓這座火山能夠徹底沉睡，那麼解鈴還需系鈴人，作為妻子，要能夠及時地發現被誤解的老公，及時地把誤會解除掉。這就需要女人在生活中，能夠細心體貼。

　　因此，一個女人應該懂得深諳人情世故、懂得生活藝術，做到不被世俗所累，無人背後不說人，無人不被他人說。有些女人喜歡議論自己的老公，這也許是女性的天性使然，也是女人的可愛之處，就像俗話說的那樣：「三個女人一臺戲」，那麼在這臺戲中，女人們少不了會搬弄是非，比較這個，比較那個，於是常常會誤解自己的老公。

　　前幾日，周穎的媽媽給她打了一個電話，說弟弟下一月要結婚了，想買一輛車，錢不夠，想讓周穎夫婦再借5萬塊錢。

　　媽媽的電話掛了後，周穎開始犯難了。因為他瞭解自己的老公，喜歡斤斤計較，尤其是對待錢的問題上，更是摳門兒。錢對老公來說，就像是他的心頭肉一樣，上次借給弟弟的3萬塊錢還是自己軟磨硬泡，老公礙於情面才拿出來的。

　　這次又要借5萬塊錢，著實讓周穎有點發愁。

　　儘管家裏的經濟條件不是富裕，但也並不差這5萬塊錢，可是如果自己沒有經過老公同意，私自地拿家裏的錢，老公知道了一定會非常生氣，可是轉念又想，這是自己的親弟弟結婚，做姐姐的怎麼能夠不幫忙呢。於是，周穎偷偷地從家裏的銀行卡裏取出了5萬塊錢，給了媽媽。

　　說來很巧，就在自己把錢借出去的第三天，老公就發現了卡裏少了5萬塊錢。老公知道原來是周穎瞞著自己取走錢，沒跟自己說一聲，原本要付給一單生意，因為定金不夠而黃了。

　　對此，老公非常生氣，回到家劈頭蓋臉地把周穎罵了一頓。周穎早知道老公不會借錢，這次又攪黃了他的生意，可是轉念又想，自己借錢是給自己的親弟弟，是他的小舅子，又不是別人，幹嘛那麼一副摳門樣。

　　周穎感到委屈，越想越氣，和老公大吵了一架。正好弟弟要結婚了，周穎乾脆賭氣回了娘家。

　　弟弟結婚的第二天，周穎娘家舉行家宴，周穎

的老公也來了。周穎心裏有氣，也沒搭理自己的丈夫。晚上一家人吃飯的時候，弟弟首先舉杯向周穎的老公敬了一杯酒，感謝姐夫的慷慨相助，感謝姐夫當初贊助了他20萬，才買了結婚新房。

弟弟此語一出，周穎好像感覺是聽錯了。後來經過弟弟的說明，才知道原來弟弟買房子一半的錢，是老公給的。

晚上在回家的路上，周穎問老公：「為啥你給弟弟錢的事，不跟我說呢？」

老公回答說：「那你借錢不也沒跟我說呢？這是我們男人之間的事，沒必要跟你說。」

周穎聽了老公話中有氣，知道自己誤解老公了，於是向老公說了一聲：「對不起！」

老公聽了，哈哈一笑：「你這個傻媳婦，都是一家人，我能不幫忙麼？上次借錢是因為資金的確有點周轉不開，我氣得是你把自己的老公當成了守財奴，並且還攪黃了我的一筆大買賣。」

周穎聽了老公的話，知道誤會消除了，心裏對

老公的誤解後悔不已。從那以後，不管家裏任何事情，周穎都會主動和老公商量，發現老公原來也是一個很通情達理的人。

周穎主動承認了自己誤解，及時地化解了和老公之間的矛盾，從而更加堅固了兩個人的感情。其實，男人都是心軟和心胸寬容的，如果一個女人發現誤解了自己的男人，就應該及時地去道歉，化解老公心中的委屈。

如果你對老公的誤解太深，那也沒有關係，正所謂亡羊補牢，未時不晚。男人往往都是耳根子比較軟，如果這時老公正在氣頭上，那你就要學會哄自己老公。如果想安慰一個怒火中燒的男人，最好的辦法就是把他拉到一邊哄一哄，因為沒有什麼比哄更能打動一個賭氣的男人了。

老公有時只是一個長不大的孩子。女人的哄，就像吹面而過的柔和的春風，撫慰他們受傷的心靈；女人的哄，好比是一股沁人心脾的淡淡花香，

在悄然間滲入老公的心靈之中，瞬間融化了他們的心中的怒氣。

當老公面對的是一個關心、會體貼、善解人意的女人，又是一個能夠及時糾正自己錯誤的女人，那麼他們會從心底感到安慰，從而原諒自己的女人。

所以，要想成就被誤解的老公，女人要學會去哄自己的老公。

心機小練習

男人愛被女人哄，尤其是愛要面子的老公，說一些好聽的話聽到他們的耳中，那叫一個舒服，自己的臉面何其地光彩，而男人只要有了面子，其他什麼都不重要了。

在男人的王國裏，女人喜歡哄，男人就會對你百依百順。這時的男人就像是一個「昏君」，只要你肯奉承，他什麼都答應。聰明的女人知道抓住男

人的這根軟肋，就一定會得到駕馭男人，找到自己
想要的幸福。

原來，他和你想的不一樣

　　有首歌這樣唱到：「女孩的心思男孩你別猜，你猜來猜去也猜不明白……」同樣地，男人的心思，女人也最好不猜，因為你也會猜不明白，他們的腦袋究竟在想些什麼。

　　男人和女人，永遠都是朝著兩個方向思考的動物，所以人們才常說：女人頭髮長，見識短。

　　可見，女人是感性的，就像水一樣，清澈柔軟；而男人是理性的，就像石頭一樣，穩定堅韌。男人的想法往往比女人要遠大，有時更喜歡把自己想法埋在心裏，男人喜歡把做大的決定實現後才告訴自己的妻子，給她一個大大的驚醒。

　　作為女人，應當理解自己的老公，給他足夠的空間，去施展他的理想和抱負。

　　何麗最近發現老公好像變了，對自己一下冷淡了許多，每次下班都是很晚才回來，有時還喝得酩酊大醉。回來的早的時候，也不跟自己說說話，洗一洗，爬上床倒頭就睡。

　　每次看到丈夫很晚才回來，何麗很想去問老公這些天都幹嘛去了，可是看到老公一臉疲憊的樣子，又不忍心責問。這讓何麗感到心裏很是不安。因為在他的印象中，老公是一個安分守己、甘於平淡的人，也是一個做事十分穩重的人，以前都是每天準時上班、按時下班，工作有條理，生活有秩序。

　　可是最近老公卻變得不一樣了，有時何麗問老公最近怎麼了。老公也只是敷衍了事，說最近單位事情特別多，應酬也多。但是何麗似乎察覺得出來，老公肯定有事在瞞著她。可是自己也猜不出老公究竟在幹什麼？曾打電話給他單位的同事，同事告訴她的老公也沒有什麼反常舉動。

　　直到有一天，老公的一個朋友半夜打電話給何麗，說他老公在外面的酒店喝得不省人事了，讓她趕緊過來接她的老公回家。

　　當何麗趕到酒店的時候，丈夫已經喝醉了，趴在了桌上，嘴裏還不時地嘮叨：我一定要把這單生意接下來。

　　看到老公痛苦的樣子，何麗在心疼至極。老公的朋友告訴她，原來他的老公和幾個人合夥開了一家小公司，現在正在談業務，拉訂單。不想晚上遇到了一個難纏的客戶，一下喝多了，這才迫不得已打電話給何麗，讓她來接。

　　何麗沒想到老公背著自己與人合夥開公司，難怪這段時間總是神神秘秘的，每天那麼晚才回來。看到老公喝醉的難受的樣子，何麗心裏很是心疼，趕緊把老公接回了家。

　　第二天早晨，老公才告訴何麗實情，原來老公早就有下海經商的打算。雖然現在的工作很穩定，每個月的薪水也夠兩個人的日常開銷，可是日

子過得也是不慍不火的。何況何麗一直想要買一部車，苦於家裏的錢不多，一直沒有捨得買。老公其實這些都看在眼裏，於是起了下海經商的念頭，直到最近才遇到了一個很好的機遇。老公怕老婆何麗反對，這才沒有說明，因為他知道在老婆的眼裏，自己始終是一個本本分分的人，不是做生意的那塊料，更不想老婆為自己過多的擔心。

何麗這才恍然大悟，原來老公還是一個很有想法的人，並不安於現狀，更重要的是，他給自己、給這個家帶來更好的生活。

從那以後何麗深深地瞭解了老公的辛苦，全力支持老公創業。到了後來，她把所有的心思都放到怎樣照顧老公上面：每天無論他多晚回來，她都會給他準備一些小吃，放好洗澡水，讓他在家裏得到放鬆，使老公的壓力在家裏得以釋放。

經過一段時間的打拼，老公的公司終於步入穩定的軌道。老公摟著何麗，調侃說：「軍功章有我的一半，也有你的一半啊！」

　　男人的想法如同天馬行空一樣，上可遨遊天空，下可探尋四海，男人的思維永遠是發散的，就像大海上的波浪上，寬闊而綿長。所以，當一個女人無法琢磨老公的心思時，一定不要去胡亂地猜疑。與其胡亂地猜疑，不如盡自己一切的力量去支持自己的老公，盡力讓老公的想法儘早地實現。

　　老公的想法就像一朵待苞欲放的花兒，女人應該充當老公的綠葉，努力地汲取養分，吸收太陽的光芒，進行光合作用，源源不斷地給老公提供能量，讓老公偉大的理想能夠得到綻放。

心機小練習

　　當一個女人不知道老公想幹什麼時，最好的辦法就是先「按兵不動」，以免「打草驚蛇」。聰明的女人必須具有控制自己情緒與行為的能力。

　　女人要學會有效地控制自己的情感，約束著自

己的言行，無論聽到什麼樣的「風吹草動」，都應該保持沉著、冷靜，而不衝動，在必要時能節制自己的欲望，克制自己的情緒。

女人應當全力支持老公，因為老公才是家裏的頂樑柱，因為不管老公有什麼樣的想法，總會有水落石出的那天，在此之前，請不要讓老公陷入一種艱難境地。

8 婚前和老公是朋友，
婚後和老公要交心

　　生活中，很多女人的老公在婚前都是從認識朋友開始的，通過友情的這段橋樑，慢慢地拉近兩個人之間的距離，有的成為了紅顏知己，有的則轉變成了愛情。

　　從朋友到愛人，這是男人與女人之間感情的從量變到質變，同時也是在一天一天互相溝通交流建立起來的情感昇華，就像一條春蠶一般，通過朋友之間慢慢地相處、溝通，把兩個人擠到了一起，束縛在了一個狹小的空間裏，成為了單獨隔離的兩人世界，最後破繭成蝶，比翼雙飛。這是一個多麼神奇的過程！

　　溝通是什麼？

　　溝通，就是人們互相交換彼此的想法，傾聽對

方的心聲，將你的想法種植到別人的心中，然後使雙方達成理解、取得一致，直到人們接受並產生共鳴的過程。

著名成功學大師戴爾・卡耐基在他的著作中不斷地提到，在一個人的成就中有85％決定於與人溝通的能力，而專業知識只占15％的比例。美國心理學家Ｗ・巴克說過：「人離不開人——他要學習他們，傷害他們，支配他們……總之，人需要與其他人溝通，才能在一起。」

然而，也有很多的女人在結婚沒多久，就勞燕分飛，曲還沒終，人就離散了。當她一個人在靜靜地追憶往事的時候，不禁會想起和自己的老公從相識到相知、再到相戀，共結連理的每一個過程，想起熱戀時候的花前月下，想起在一起的那時候可以無話不談。可是，為什麼最後會走向離婚的路途呢，無法再忍受彼此，到了不得不分開的地步了呢？是彼此之間沒有愛了麼，顯然不是。那是什麼？一個最大罪魁禍首就是結了婚後，和自己的老

公沒有了溝通，沒有了交心，漸漸地讓彼此的心靈疏遠了，最後乾涸。

陳嬌嬌最近非常苦惱，這一年多的時間幾乎每個月都要和老公吵一架，家裏的硝煙味剛剛要散去，便因為各種事情戰火再起。她發現老公現在做什麼事情都不合自己的心意，說什麼話都不對自己的路子，按說他們才結婚三年，還不到七年之癢的地步，難道是因為性格不和嗎？老公也因為嬌嬌經常鬧，每天總是板著個臉，有時候在單位還受到老闆的訓斥，工作業績直線下滑。

其實，一直以來，嬌嬌都是同學、同事們羨慕的對象。兩個人在一個城鎮裏長大，可謂是青梅竹馬的時候就認識了。兩個人從同學到朋友，再到大學時候的知心朋友，最後演變為互相依靠的戀人。

兩個人在一起非常投緣，對彼此都非常瞭解，哪怕對方的一個眼神，都知道他在想什麼。他們倆在一起的時候，什麼話都說，哪怕不在一起，電話

粥都能一次煲上好幾個小時。沒有人知道他們在聊什麼，也沒有人知道他們為什麼總有說不完的話。

嬌嬌對自己的男朋友非常滿意，心裏很是歡喜，她認為自己找到了一個完美的男人，自以為將來的婚姻生活一定會很幸福。

在大學畢業的時候，兩個人便結婚了。結婚後，兩個人都拼命地忙著工作，為了事業而奮鬥，他們還想盡快買一套大房子。

大都市的生活節奏很快，每天過得很快，每天各自的工作都很忙，一天甚至連一個短信都沒時間發給對方。下班後，兩個人做飯、洗衣，做家務，有時候好不容易忙完了，一起坐在沙發看會電視，可一天的疲憊，讓兩個人連話都懶得說一句。

晚上在床上，兩個人上床就睡，兩個人想著各自的事情，明天還要早起，明天還有哪些活要幹。想著想著，兩個人就睡著了。有時候，兩個人實在太累了，一上床倒頭就睡。

日子一天天過去了，轉眼間三年過去了。嬌嬌

現在越來越和自己老公說不到一塊了，兩個人在一起要麼總是抬槓，要麼總是喜歡吵架，原本幸福的婚姻亮起了紅燈。

　　無奈之下，嬌嬌去諮詢婚姻心理學專家，專家告訴她導致目前婚姻的危機，在於兩個人婚後長時間沒有去交流和溝通，通往丈夫心靈的橋樑中斷，如果長期這樣下去，就會使得兩個人的感情破裂，很可能會步入離婚的雷區。

　　嬌嬌聽了後，決定挽救自己的婚姻。於是，在日常生活中，她儘量與自己的丈夫保持溝通，趁著工作的間隙給老公打個電話或者發個短信，有時故意找一些事情來商量，或者在看電視的時候討論某一個劇情等。她選擇先順應老公，偶爾提出自己的看法，老公看到妻子很多想法跟自己一致，也就打開了話匣子。

　　經過半年多的努力，夫妻兩人甜蜜重溫，好像又回到了戀愛的時候。

女人應該知道，溝通是感情的基石，缺乏溝通的的婚姻是不能維持長久的，就像一塊土地，沒有經常的耕耘，就會長滿野草，成為一塊荒地。那麼，過著過著，原本甜蜜幸福的婚姻生活就會變得索然無味了。

婚姻生活就像是一壺水，溝通就像是茶葉。如果女人經常和自己的老公交心，無疑就是給了這增添了新的茶葉，使得「茶水」總會保持著濃濃的甜蜜的茶香。如果缺乏了溝通，就好像沖泡一壺茶，經多次沖泡以後，時間一久，就漸漸地失去了味道，兩個人再來品嘗時，便難以下咽了。

📝 心機小練習

在家庭生活中，女人應該主動和老公去交心，聊聊一些家常事，說說工作上的事情，保持兩個人始終有話說。

　　女人們的婚姻失敗了，敗在了他的老公身上。因為她不懂如何經營自己的婚姻，忽視了與老公之間的溝通，錯誤地認為只要擁有了那個紅本本，就等於擁有了老公的一生。

9　面子，老公的第二張臉

　　俗語說，打人不打臉，罵人不揭短。作為人，誰不愛面子？特別是男人，更愛面子！當然，這是地球人都知道的事情。

　　對於大多數男人來說，面子比天、比地還要大，比錢、比命還要重！男子漢大老公進可攻退可守，但決不能顏面掃地！男人如果連面子都沒有了，還活個什麼勁？男人需要有面子，男人也最怕失去面子！

　　人活一張臉，樹活一層皮。男人愛面子的心理其實也是情理之中的，因為每個人都希望在人前能夠得到充分的尊重，任何人都不希望自尊心受損，都不喜歡被人看輕。

　　當然，我們也不能否認，很多男人所謂的「面

子」其實不過是虛偽的「自尊」在作祟，如果明以是非，可能是根本站不住腳的，不過是「死要面子活受罪」罷了。

但無論如何，「面子」問題仍然是婚姻生活中的「禁區」，倘若妻子處理不當，往往會惹得老公惱羞成怒，導致夫妻關係緊張，嚴重的還會鬧到離婚的地步。

事實上，給不給老公留面子，是一個女人成熟不成熟的標誌，也是成為好妻子的一門必修課。

小劉在公司裏的職位比自己的妻子低，但只要是和外人在一起的時候，他的妻子總是盡力維護他的威信。

一次，同事聚會，大家談到奮鬥過程的不容易，當講到小劉在事業上的不成功和他妻子的成功時，他妻子滿懷深情地說：「其實，我的成績離不開老公的支持和幫助。」接著，她又舉了一些例子加以說明，使在座人士大為感動。

　　坐在妻子旁邊的小劉雖然沒有說什麼，但從他那張充滿愉快神色的臉上可以看得出，他的內心是由衷地感謝自己的妻子的，十分滿意她為自己做足了面子。

　　又一次，小劉夫妻倆在家吵架，妻子在氣憤之下情緒失控，隨手抓起東西亂扔一氣，小劉情急之中逃至桌下，恰好有客人來訪，正好撞上。

　　進退尷尬之際，小劉的妻子突然急中生智地拍了拍桌子：「我說抬，你非要扛，正好來幫手了，下次再用你的神力吧！」小劉當然立刻順坡下驢，一場面子危機輕輕化解。

　　小劉的妻子無疑是一個聰明的女人，因為她肯花心思維護自己男人的面子，在大庭廣眾的場合之下給自己的男人留足面子。

　　聰明的女人從來都是懂得「內外有別」的女人，在家裏，她可能是佔有絕對的「統治」地位，以她為主；但在外面，她卻總是以男人為主，給老

公留足面子。

　　那些不會給老公留面子的女人，又有哪個男人能夠長期忍受得了呢？即便不離婚，恐怕也是兩天一小吵，三天一大吵，最終，老公被「逼」出家門，「逼」離老婆的身邊！

　　你不妨回憶一下，你是否也曾經有過類似這樣的恐怖行為：當你在眾人面前「大義滅親」、大揭老公的底細時，你有沒有顧及過老公的感受？當你不經意間對表現平平的老公流露出不滿時，你有沒有注意過老公的失落眼神？再回想一下，你已經有多久不曾稱讚過自己的老公了？

　　而反觀那些真正懂得拴緊老公心的女人，卻十分懂得在恰當的時候、恰當的地點為老公做足面子，極力去維護老公的尊嚴，通過各種「花言巧語」和「技術手段」激勵老公揚帆破浪。

　　慷慨一點，男人不就是愛面子嘛，多給他一點，你也沒什麼損失！

📋 心機小練習

　　作家毛姆說：「自尊心是一種美德，是促使一個人不斷向上發展的一種原動力。」而女性是否懂得給予老公恰當的「尊重」，可以說是當今兩性關係相處之道中能否達到和諧的一個踏腳石。

　　在現代的兩性關係中，作為妻子的你，一定要學會如何不傷老公面子，這是男人的「美德」和「原動力」。

10 身分，男人的名片

　　每個男人都有虛榮心，尤其在女人面前，一個好的身分，往往讓男人顯得很有自信，很有成就感。當別人接過你老公的名片時，上面印著「主管」、「總經理」或者「總裁」的字樣，那是你老公最得意的時刻。

　　俗話說得好，樹靠花裝，人靠衣裝。女人靠青春、靠美貌行走於天下，老公們靠什麼呢？身分。身分就像一座高高的山峰，豎立在了男人的面前，吸引他們去攀爬，去征服。

　　因為男人要用身分、地位去顯示自己的能力和價值！

　　有時，男人看待身分比看待自己的生命還重要，女人如果能夠瞭解自己老公的這層心理，就應

該竭盡全力，幫助自己的老公，成就他的人生的理想，得到他想要的身分。

當你的老公得到了自己想要的身分，一定去帶你會看山頂最美的風景，享受「會當凌絕頂，一覽眾山小」的美妙。

羅飛和金燕結婚五年了，每到逢年過節的時候，是羅飛最怕的日子。因為逢年過節，羅飛和金燕都要回家去看望自己的岳父和岳母。

羅飛的岳父以前是省財政廳幹部，現在退休了；金燕的大姐夫是一家銀行的副經理；二姐夫是土地局辦公室主任，都是有身分的人，只有羅飛還是一個公司的小職員。與兩個姐夫相比，羅飛總是覺得矮人一截，覺得很丟面子。每次一家人坐在一起吃飯的時候，大姐夫總是說今年這個理財產品好，那個基金最近看漲，說最近又賺了一筆，在那裏侃侃而談；大姐夫說完，二姐夫也不甘示弱，說今年市里要開發什麼什麼專案，哪裡的樓盤好，哪

裡適合去投資，政府最近又出了什麼樣的土地政
策，一條條娓娓道來；唯有羅飛坐在那裏，一句不
坑，不知道說什麼好，說這個月多拉幾個客戶嗎，
還是下個月要提高自己業績……

每次，羅飛都感到非常的受傷，感到無地自
容。金燕看到羅飛每次跟她一起回娘家，就跟過一
趟火焰山似的，看在眼裏，疼在心裏。

一次偶然的機會，金燕的一個朋友要開發一個
專案產品，正好這個產品老公的單位也生產，於是
金燕向朋友牽線搭橋，聯繫自己的老公，去談合作
的事情。沒想到第一次合作就非常順利，羅飛接了
一個大單，給公司一下賺了一大筆。

經過幾次合作後，金燕的朋友和羅飛一回生、
二回熟，很快成為了好朋友。在金燕朋友的建議
下，他邀請羅飛一起合夥開一家公司。羅飛負責尋
找貨源，因為他的老手裏有很多客戶源，而金燕的
朋友負責銷路。

兩個人一拍即合，羅飛早就有想開公司的打

算，只是一直苦於沒有尋找到合適的機遇和合適的人，如今天時地利人和都具備了，公司很快成立了。金燕為了全力支持老公，連自己的私房錢都拿出了。

經過一段時間的苦心經營，公司終於盈利了。羅飛自己當了老闆，可以揚眉吐氣了，逢年過節去丈母娘家也變得有底氣了。

男人都是要身分的，尤其在自己老婆和親人面前，喜歡表現自己出色的一面。女人要想在世上找出一個沒看重身分的老公恐怕很難。對於男人來說，身分是自己的一種象徵，更是自己的臉面，就像女人的漂亮衣服，好看的妝扮，是男人不可或缺的一種必需品。

女人們要知道，老公看重自己的身分是可以理解的，雖然這裏面有男人的虛榮心在作祟，但是更多的是男人想要證明自己的價值，活得更體面些，在別人面前更有面子，同時也給自己的女人創造更

好的幸福生活增加了籌碼。

當一個男人沒有身分地位，他就會很自卑，甚至覺得在自己老婆面前也會抬不起頭來。男人會覺得自己是碌碌無為的人，做什麼事情也會畏首畏尾，縮手縮腳的。女人喜歡把男人的身分當作是他們的一塊「遮羞布」，其實也可以這麼說，有了這塊「遮羞布」，老公就可以大搖大擺地走出來，做自己想做的自己，說自己想說的話，少了很多顧慮，增添了更多的自信。

所以，當老公還沒有身分，地位卑微時，女人應該做什麼呢？去數落自己老公的無能還是打心眼裏瞧不起自己的老公呢？其實，生活中很多的女人都是這麼做的：為什麼別人的老公可以做到很高的職位，而自己的老公卻不行？為什麼別人的老公可以很快成為一個老闆、一個富翁，而自己的老公卻還是一個窮光蛋、窩囊廢呢？……

如果你也這麼做了，無疑你是一個蠢女人，一般聰明的女人絕對不會嫌棄自己的老公，儘管自己

的老公現在很平庸，但是她會盡自己最大的努力去幫助和支持自己的老公，讓老公得到自己想要的身分。

當老公得到了屬於自己的那個身分，他的女人臉上也很有光彩了。

📋 心機小練習

女人靠衣裝，男人靠什麼呢，當然是身分。身分是男人最華麗的「衣裳」，聰明的女人應該學會為自己的老公穿上這件衣裳。

身分是男人成功的象徵，是男人事業的最好的名片，作為女人，應該要全力支持自己的老公，幫助他成就自己的事業，鼓勵他勇敢前行，去得到他想要的身分，做老公身後最堅強的後盾。

男人成功了，女人也會覺得非常的光榮，夫榮妻貴。當男人亮出自己的身分時，他有時可能不是

為了自己，而是為了自己的女人，所以女人要幫助
老公實現自己的理想。

變身幸福人妻

Chapter 3
讓將來的你愛上將來的他

老公現在不好並不代表著將來不好，你會改變
他，成為你的如意郎君。

11　大男子主義在作怪

　　在男人世界裏，十之八九都有一點大男子主
義，因為男人是雄性的動物，渴望征服世界，渴望
征服自己的女人，往往具有很強的控制欲和主導思
想，這時候老公免不了會變得很霸道、粗魯和獨斷
專行，讓他們很容易忽視妻子的感受，更不會懂得
去憐香惜玉，不能成為女人心目中的好老公。

　　如果你的老公是一個大男子主義很強的人，
可能在家庭生活中，以「皇帝」自居，從而獨霸天
下。尤其是在老公比女人還要強勢的時候，那麼女
人在家庭生活中往往失去了妻子應有的地位，壓制
著女人，導致家庭生活的嚴重失衡。

　　如果一個大男子主義的老公，遇到的是一個脾
氣火爆的妻子，那麼他們倆「強強對話」，一件小

事或者一個小矛盾就會「擦槍走火」。老公本性
如此，女人好似潑婦，到最後受到傷害的必然是
女人。

　　那麼，當你面對一個大男子主義的老公，難
道就是選擇忍氣吞聲，打掉牙齒往肚子裏咽嗎？當
然不是。現代女性可不是專門做老公們的「撒氣
筒」，也不是一個只受氣的小媳婦，女人應該學會
運用自己的智慧，去調教好自己的老公，拿出自己
辦法，讓你的老公變得也「溫柔」。

　　李娜是一個聰明能幹的女人，工作出色，每
個月的薪水也拿的比老公要多，各個方面都比自己
的老公要強勢一些。儘管如此李娜要比自己的老公
強，可是她心裏清楚，自己的老公卻是一個大男子
主義者。

　　由於工作的原因，李娜往往在外面出差或者出
去應酬，於是老公就給她約法三章：第一，不可陪
客戶喝酒；第二，九點之前必須到家；第三，手機

要24小時開機，並且李娜提出各種各樣的要求。

有時因為工作的原因，要為公司簽訂一個大合同，可是對方的老闆指名道姓，要求李娜喝下三杯酒，不然不簽合同。無奈之下，李娜不得已痛飲三杯。

可是，當李娜回到家的時候，老公聞到她身上的酒味，說了她幾句。李娜心裏委屈，回了一句嘴：「你平時應酬不也喝酒麼？而且有時還喝得酩酊大醉。只許州官放火，不許百姓點燈，我這也不都是為了工作嗎？」

老公聽了李娜知錯不改，反而說起了自己，嚴重挑釁了他大男子主義的威嚴，非常生氣，兩個人大吵了一架。

然而，李娜知道，這樣的情況是不可避免的，她不能保證以後類似這樣「違規」的事不會發生，難道每次都要和老公大吵大鬧嗎？李娜心裏也明白，老公給自己的這些條條框框，一方面是他大男子主義，其實也是在保護她，靜下心來後，李娜決

定改變戰略。

又有一次，李娜因為陪客戶，到了午夜12點過後才回家。李娜知道回家後，老公肯定會很生氣，到時候免不了還會吵架。她想了想，回到家後，果然看到丈夫一臉怒氣地坐在沙發上。

於是，李娜主動跑到了老公的面前，上前就抱著老公熱吻，然後輕風細雨地說：「老公對不起，我這次又違規了，保證下不為例。」「你知不知道，我也是沒辦法，其實我心裏很想你。」

老公看到李娜態度誠懇，也就原諒了她。

從這以後，李娜只要觸犯了老公的大男子主義，就會想盡各種花樣，讓老公心平氣和，比如。一次，老公因為一件小事情而不滿意李娜的行徑，一連好幾天對李娜都沒有好臉色。

於是，李娜給老公寫了一份「悔過書」：

親愛的老公大人：

看到你連續幾天生氣，心裏很是心疼和不安，深知我的錯誤重大，現特向你做深刻檢查。因此，

我在閨房裏反省了一個小時十三分二十秒，喝了一瓶白開水，上了二次衛生間，但沒有再化妝，以上事實準確無誤，請審查。附上我的檢討報告，並請求寬恕。

　　經過一年多的婚姻生活，李娜認為老公勤奮聰穎，對老婆也疼愛有加，是不可多得的好老公。而身為妻子的李娜卻不夠賢慧，缺少溫柔賢良，更不能得到老公的滿意。以下是李娜對自己惡劣行徑的剖析，請她的老公批閱：

1、前幾天的事情是我的錯。你做的紅燒肉雖然有點鹹，但是香醇可口，我不該說你浪費了鹽。我這麼求全責備，完全是暗藏嫉妒之心，你想，一個女人都燒不出那麼好的菜，你燒出來了，能不叫我嫉妒嗎？

2、你說喜歡唐嫣的時候，我不該隨口說我喜歡金賢重，害得你兩天不能理我。仔細一想，我的回答確實很不妥當，因為你的花心還局限於內地，而我卻沖到了韓國。

老公看了李娜的悔過書後，哈哈大笑，當即煙消雲散。

　　如果說老公有時是一個魔，那麼女人就是一個仙女。魔高一尺，道高一丈。面對老公的大男子主義，高高在上，女人應該運用自己的「仙法」去鎮住自己的老公，從而讓老公給予自己更多的理解和疼愛，避免很多夫妻間的矛盾發生。

　　一個大男子主義的老公，需要一個好妻子去成就他，就會有一個幸福和諧的家，這樣的幸福最終也是屬於這個女人。

心機小練習

　　老公的大男子主義就像一種病毒，它會慢慢地讓你的老公變得更壞，漸漸地失去控制，女人要成為老公的殺毒軟體，有計畫制止，定期查殺這個「病毒」，防止老公的大男子主義進一步擴張，停

止它去感染和破壞原本的幸福生活。

　　當老公大男子主義在作怪時，女人可以用柔情去化解它，以柔克剛，對老公的大男子主義進行「軟著陸」。

12 善於表達體貼和關愛

聖經上說：上帝看到了男人的寂寞，所以從亞當的身體裏抽出一根肋骨，創造了夏娃，讓他們彼此互相關心和愛護，才有了人類的繁衍生息。

其實，每個女人生下來都是孤獨和寂寞的，心靈深處都在苦苦尋覓自己的另一半，直到遇到自己的老公，和他結為連理，然後互相關心和愛護，共同生活、共同奮鬥，完成此生的輪回，這樣才是一個完整的人生。

女人是孤獨的，男人是寂寞的。正如，上帝創造亞當的時候，雖然整個世界都是屬於他的，但他依然感到孤獨和寂寞。無論這個男人外表看起來多麼地冷傲和孤僻，其實他內心世界都渴望得到女人的關心和關愛。如果得不到這些，那他就是空有一

個軀殼，他的靈魂將始終處於一種飄蕩的狀態，不能真實地感受生的存在。

所以，聰明的女人要懂得多給老公一點關心和關愛，讓他感受到愛人之間的關心和體貼，讓老公感受到那是一種可以貼近他的生命和靈魂的關愛，能讓他觸動和感動，能讓他的心靈深處產生悸動，得到依歸，這是父母之愛和朋友之愛所無法取代和比擬的。

列寧是俄國無產階級革命的偉大領袖，肩頭上的擔子之重，工作之繁忙，是可想而知的，但他總是儘量主動分擔一些家務事情，以減輕妻子克魯普斯卡婭的勞累。他曾自告奮勇地說，外出買麵包一類的事情就由他包了。恰好有一回列寧正在屋子裏埋頭寫作，他的岳母發現沒有麵包了，又不忍心去打擾列寧，就在廚房裏輕聲對克魯普斯卡婭說，麵包吃完了，喝茶時沒麵包，該買了。克魯普斯卡婭輕聲答說：「好，我這就去買。」

　　不料，儘管她們的說話聲很低，還是被列寧聽到了，他馬上抓起一件外衣走過來說：「真要麵包嗎？這應該我去！」

　　瞧他那不容分說的堅決態度，克魯普斯卡婭只好作了讓步。列寧一溜小跑到了街上買回了麵包，才又一頭紮進房間進而繼續寫作。

　　列寧在家庭裏對待妻子，總是像在革命隊伍中對待同志一樣體貼入微。倘若克魯普斯卡婭身體稍有不適，列寧就非要動員她去醫治不可，生怕因診治不及時而使病情加重。

　　1913年，他們僑居國外時，克魯普斯婭患了重病，經診斷是眼球凸出性甲狀腺腫，並嚴重地影響了心臟。

　　住院動手術二十餘天，列寧第二天上午都陪坐在克魯普斯卡婭的病床前，精心護理照料。只是到了下午才去圖書館看書工作，並在圖書館裏查閱了許多關於甲狀腺腫病的醫學書籍，作了詳細的筆記，目的是把這些知識講給克魯普斯卡婭聽，以使

她增加戰勝疾病的信心，早日恢復健康。1918年8月30日，特務那罪惡的子彈打中了列寧，傷勢十分嚴重，但當克魯普斯卡婭趕來探望時，列寧竟竭力裝得和平常一樣，風趣地與她談話，以表示自己傷得並不重，沒多大關系，因為他知道妻子有嚴重的心臟病，受不了大的刺激。

列寧就是這樣時時刻刻都關懷著妻子，這位偉大的革命導師，在家庭裏也是如此高尚、偉大。

所以，你的體貼和關心對你的老公來說，是至關重要的。千萬不要以為，彼此都是大人了，能夠自己照顧自己，不必像對待孩子那樣關心和愛護了，其實不然，老公無論多大，都是個孩子，至少在情感上像孩子一樣需要依賴，老公年齡越大，就越像孩子一樣，就依賴妻子的關愛。

家庭就像一個溫暖的避風港，當老公在外面遭遇挫折和打擊後，家庭是老公最後的避風港灣，而妻子就是那治療傷痛的最好良藥，撫慰老公的疲憊

和傷痛，用你最溫柔的體貼和最真切的關愛。一句溫暖的問候，一杯熱水，一個擁抱、一個親吻，甚至是默默地陪他坐著，對於此時的他來說都是莫名的安慰。這樣，家庭才有生氣的躍動和溫情的氣息。

女人不要把來老公想像成頭可斷、血可流的鋼鐵硬漢，其實，外表的堅強，並不代表他不需要你的懷抱和溫暖的話語。對於女人來說，老公更加需要細心的呵護和關愛。

那麼你還等什麼呢？趕緊行動起來，去彼此關心和愛護，共同承受風雨，兩心緊貼，攜手前行，這才是一幅絕妙的情侶圖。

心機小練習

男人是一個外剛內柔的動物，往往因為大男子主義，愛面子，有時候打碎了牙，自己吞進肚子裏，這時的女人應該主動站出來，為你的老公療

傷，因為這個時候是他最脆弱的時候，也許你的一句溫暖的話語、一個簡單的擁抱、一碟可口的飯菜，都會賜予你的老公重新振作的力量。

妻子是老公的肋骨，同時也是老公的一根拐杖，在老公需要你的時候，你能夠幫助你的老公，支持你的老公，用你的體貼與關愛，為老公築造一個希望的城堡。

13　學會妥協，贏得婚姻

　　要想婚姻能夠長久，一路風平浪靜，就必須要學會在生活瑣事中退讓，懂得妥協。因為真實的婚姻生活，少了浪漫，多了忙碌，為了生活，我們不得不四處奔波，甚至吃穿住行也就成了我們每個人無法逃避的問題，可以說會遇到很多各種各樣雞毛蒜皮的小事。如果女人事事都跟老公寸土必爭，針尖對麥芒，那麼家庭就永遠無法寧靜。

　　每個人都要經過戀愛、結婚的階段。戀愛中的男女就像是一頭洪水猛獸，每天有說不完的柔情蜜意、海誓山盟，還沒有意識或者沒有時間去考慮真正的生活；但一切沉澱下來，步入婚姻生活之後，尤其是女人，往往忍受不了生活的瑣碎與單調，會對婚姻感到麻木，很容易跟老公發生摩擦，鬧彆

扭，耍小脾氣，往往因為一點瑣事而爭吵得不可
開交。

　　如何面對將來的你？如何面對將來的他？如何
才能始終如一的相敬如賓，從而白頭偕老，這是每
個女人應該值得深思的話題。

　　其中關鍵一點在於女人要如何去面對婚姻生活
的平淡和瑣碎。在瑣碎的生活之中，由於各方面的
原因，不可避免的會遇到因意見不同，而與自己老
公發生爭執甚至爭吵的情況。但是，出現爭執也是
正常的，舌頭和牙齒也有打架的時候，可怕的是女
人如何面對這種爭執，如何正確地應對，避免矛盾
進一步升級，避免引發更嚴重的後果。

　　這時，女人要懂得主動學會妥協，學會去成全
自己的老公。想著既然自己這麼地愛他，為了這麼
點事，就不要再吵架，更不要把一些陳芝麻爛穀子
的事情，搬出來。

　　如果女人不去妥協，吵架的力度會越來越大，
範圍也越來越廣，情緒越來越激動，不但事情沒有

解決，反而傷了彼此的感情。因小事一樁，但感情
卻產生了裂痕，勢必會影響今後的感情生活。

　　張軍和琪琪結婚十年了，在這十年的婚姻生活
中，兩人吵過、鬧過，但是兩個人的婚姻生活一直
還算風平浪靜，這其中最高的功勞當屬琪琪，是琪
琪十年如一日地盡心盡力經營著白己的婚姻，同時
她也感到了前所未有的幸福。

　　這大，琪琪打算從一本樣本書裏挑一些靜美的
圖畫，來做牆紙，於是她拿來和張軍商量。

　　「我喜歡這張，這個側躺在床上的，具有藝術
韻味。」琪琪說。

　　「這有什麼好看的，那看起來像一個病快快的
病人。」老公張軍反駁說。

　　「你怎麼能這麼說呢？這是威尼斯的畫像的經
典圖式。」

　　「反正我不喜歡這一張，我們這又不是威尼斯
人。你看這一張，我喜歡這一張。」老公張軍指著

一張左手拿劍、右手持盾的斯巴達勇士。

「就算我不是威尼斯人，我也不會把這個面部猙獰的肌肉男掛在牆上，否則我晚上會睡不著覺的。」

兩個人在那裏爭論不休中，琪琪「啪」地一聲，把書合上，這件事情到此為止。琪琪想了想，與其在這裏爭論不休，不如去買一張兩個人都喜歡的，於是說：「明天我們一起去商場，一起選一個我們兩個都喜歡的壁畫，掛在牆上總算可以了吧。」

老公聽了琪琪的話，覺得這是一個好主意，也就不再爭論。

第二天，夫妻兩人去了商場，在一家壁畫店裏，老公相中了一張山水壁畫，琪琪雖然不喜歡山水，但覺得至少比那個斯巴達戰士要好看很多，於是不想再跟老公爭執，選擇了退讓。兩人把那張山水壁畫買了回家。

最好在爭執發生的最初始階段把它滅掉，那就需要一方首先妥協，一方妥協後，另一方也就無力、無理再繼續下去，等大家情緒都穩定以後，不過是泯然一笑而已。所以，一定要學會妥協，這不是示弱，而是智慧的行為。

　　在現實的生活中，每天都要面對很多瑣碎和細小的事情，那是生活的常態，但這種常態卻絕不能成為夫妻之間交流的常態。

　　女人要學會懂得成就自己的老公，就要學會坦然面對瑣碎的生活，學會妥協，保持感情交流的暢通，才能使愛情之帆暢通無阻。

心機小練習

　　男人永遠都是喜歡爭強好勝的，就像鬥牛場上的一頭公牛，喜歡爭執，喜歡堅持己見，女人有時候應該成全自己的老公，學會妥協和讓步，畢竟一山不容二虎，家裏總有一個決定的人，那麼這個角

色就讓給自己的老公吧。

忍一時風平浪靜,退一步海闊天空。雞毛蒜皮的小事不必太斤斤計較,女人應該學會溫柔,學會退讓,讓老公在小事上得逞,滿足他的虛榮心,讓老公開心,也未必不是一件好事。

14　世上沒有十全十美的婚姻

　　選擇老公就像是射箭，每個女人都想一中靶心，獲得一個完美的男人，贏得一份完美的婚姻。

　　可是，事實上，無論你感覺自己瞄得有多準，當箭射出去的那一刻，總會偏離你預期的設想，或許是因為當時起了一陣微風，或者箭本身有些小故障，總之，一些不可預知的狀況總不能讓你得到滿意的十分。

　　每個女人都想擁有一個完美的婚姻，可是每個女人最終都不會有一個十全十美的婚姻，不管她如何精心設計，如何調教自己的老公，總會不能如意。就像一句名言所說的那樣：婚姻就是一場長滿不可預期的意外。

　　當你與你的老公在結婚時互贈鑽戒的那一刻，

心中欣喜不已，以為自己的婚姻肯定會是圓滿的，但是不能保證以後一定會是這樣，有可能他會變心了，也有可能他沒有以前那麼心細了……

　　作為女人，要提前做好這些意外發生的準備，當等到那一刻真的來臨時，他還能愛你如初。

　　玲是一個各方麵條件都不錯的白領女性，可誰也想不到的是，她已經有了三次婚姻失敗的經歷。情感上的屢受波折和打擊，使她痛苦不堪：「究竟是我選錯了結婚的對象，還是我根本不適合結婚？」

　　玲自認為自己挑選伴侶還是十分慎重的。二十八歲那年，與一個年齡比她小幾歲，但卻真誠正直的男孩子結了婚。曾經一度，玲為找到這樣一個心地純真、能一心一意愛她的伴侶十分慶倖，然而好景不長，隨著玲仕途順利，社交頻繁，漸漸覺得老帶著這麼一個小孩似老公在身邊十分尷尬。出席正式場合，他也穿著廉價、隨意的T恤牛仔，加上他

既性格內向，不懂應酬，又拿不出頭銜像樣一點的名片來，只是個小職員，玲漸漸覺得十分丟臉。老公卻一概不知，下班回來也不進修，只知道下棋打遊戲而已。如此沒有進取心，雙方差距一定會越來越大，怎能依託終生？玲離婚了。

玲的第二次婚姻，選擇了一個年齡略大，事業有成的成熟男性。他長袖善舞，將玲和玲的家人都安排得很好，但玲的滿意也沒能維持多久，每當玲勞心勞力工作了一天，晚上回家期望享受一下家庭溫暖，休憩疲憊的身心時，老公卻常常應酬在外，家裏冷清一人。玲想：這和沒結婚有什麼區別？我也是職業女性，錢我自己可以賺，社會地位我自己可以爭取，你事業再成功我又不靠你，何必做活寡婦？玲又離了婚。

這一次玲牢記要堅守「門當戶對」的原則，找了個和她年齡、收入、文化程度都相當的老公，也是一家公司的中層管理人員。兩個人因為經歷相似，很有點共同語言，玲欣然結婚。然而婚後時間

一長，玲又覺得他話太多，每晚回家都要絮絮叨叨地抱怨工作辛苦，公司裏的人事鬥爭陰險慘烈，如此等，把妻子當成唯一傾吐的對象，聽得玲耳朵起老繭，想安心聽聽音樂看看電視都不得清靜，氣惱之餘常常打斷他的話，還忍不住要諷刺他幾句。於是兩人矛盾漸多爭吵不斷，婚姻又陷入了危機。玲迷茫了：「難道現代人已喪失了營建幸福婚姻的能力？」。

　　從玲的三次婚姻我們不難看出，在結婚這件事情上，雖然每個人的心理需求都是複雜多樣的，但只要是自願選擇的伴侶，往往是滿足了我們某些重要的需求的。正因為如此，我們才心滿意足，沉浸在愛河中，忽略了其他比較次要的需求，覺得對方十全十美。可是激情總要淡下來，我們意外地發現，我們的另一些需求依然空白著，已滿足的需求因為習慣了已變得微不足道，就象吃飽了的肚子不會咕咕叫一樣，而未被滿足的需求卻突現出來，漸漸膨脹，擋在我們面前，控訴說，它們才是最應該

被滿足的。於是我們不禁驚呼：結錯了婚，找錯了人！

　　如果我們選擇去滿足這些新的「重要需求」，那麼原來因為已經滿足而被忽略了的需求又會重新跳出來刺痛我們的心。於是，我們疲於奔命，盲目追尋著一個能滿足我們所有需求的對象，豈料他根本不存在於這個世界上。

　　其實，婚姻是一種有缺陷的生活，完美無缺的婚姻只存在於戀愛時的遐想裏。就像玲這樣的婚姻屢敗者正是因為固守著這個殘破的理想，才與幸福的婚姻失之交臂。上帝總有些苛刻，或者說公平，他不會把所有的幸運和幸福降在一個人身上，有愛情的不一定有金錢，有金錢的不一定有快樂，有快樂的不一定有健康，有健康的不一定有激情。嚮往和追求美滿精緻的婚姻，就像希望花園裏的玫瑰全在一個清晨怒放，那是跟自己過不去。

　　所以，要建立幸福的婚姻，愛的對象固然重

要，愛的能力也同樣不可或缺。愛的能力首先是指接納他人缺點的能力，接納婚姻缺憾的能力，能心平氣和地認識到，完美的婚姻對象只存在於童話中，現實的伴侶已經滿足了我們最重要需求中的一部分，而其餘部分，要靠我們在事業、友情、社交、興趣愛好等方面去求得滿足。愛的能力還包括保持一顆敏銳的心，去不斷發掘和感受對方身上哪怕是一些小小的優點，常懷驚喜和感激之情。更重要的是，不要老是訴求自己的需要，還要多想想對方的需要。

「世間丈夫彼此間的差異微乎其微，所以你還是將就留著第一個吧！」在美國，阿黛爾・羅傑斯・約翰斯算是個著名人物，因為她結婚離婚達5次之多，最後，她用這句話來給自己的婚姻歷程做簡短概括。

阿德勒也說：「幸福婚姻的最高原則，是至始至終把老公的利益置於自己的利益之上。」

步入婚姻殿堂的女人們，你能做到嗎？

📃 心機小練習

　　世界上沒有十全十美的婚姻，更沒有十全十美的男人，當你選擇你的老公時，你的老公就是你心中完美的王子，不管疾病與貧窮，你都要永遠守護他、愛惜他、支持他，相伴他一生，一起去經歷風雨，一起去欣賞彩虹。

　　女人要學會滿足，更要懂得感恩，上天賜予你這個男人，就一定有它的道理，你要做的就是維護這段婚姻，維護自己的老公，相信他，相信你們的愛情，相信你們的一生一定會執子之手，與子偕老，相伴一生。

15　婚姻是個同心圓

　　曾經在法國巴黎的一條大街的高樓上，有一個巨幅廣告，看板上畫的是在家裏的客廳裏，一位年輕時尚的漂亮女士，左手牽著一條可愛的小狗，右手拿著一台筆記本電腦，女士自信優雅。而她的旁邊站著一位背對著的男士，顯然是女士的丈夫。在看板下麵寫著一句行銷廣告語：「愛一個男人不如買一臺電腦！」

　　在這個俏皮的廣告裏，那位漂亮的女士正在和自己的老公鬧矛盾呢。

　　許多女人不能容忍的就是，男朋友一旦變成了老公，男人對自己的熱情就立即沒有了。女人不能理解為什麼男人的熱情不能持續？為什麼婚前婚後有如此大的落差？在愛情這個蹺蹺板裏，自己擁有

失去了上風的位置，那麼眼前的這個男人還是自己當初願意託付終生的男人麼？

「如果你愛我，就應該知道我要什麼！」

女人往往責怪自己的老公不懂自己，其實這是一個錯誤的婚姻觀念。因為兩個人不論從性別還是成長的環境，都是不同的，愛情是只能是一個同心圓，有重疊的地方，也有不能重疊的地方，不可能完完全全地心心相印。

熱戀時，老公可以耐著性子陪你捉迷藏，琢磨你多變的心思，那麼結婚後，如果一個男人整天光會琢磨你的心思，那麼他在別處可能就沒多大出息了！

所以一個女人應該懂得去體諒自己的老公，多一份體諒也就多一份幸福。其實，要知道，每個老公都是真心地希望能夠讓妻子幸福快樂，一方面是因為愛，另一方面是為了證明自己的能力。

如果這時，你在家裏是一個滿腹委屈、成天抱怨的妻子，就像一面鏡子，每天把一張苦兮兮的臉

照給自己的老公，當然老公也會對你失去興趣。

　　蘇薇和老公結婚一年多了，婚姻生活雖然沒有什麼大風大浪，但是兩個人在一起卻經常小打小鬧，這讓蘇薇覺得很不舒服。每次兩個人因為一點小事，就吵鬧起來，最後誰也不服誰，而且令蘇薇生氣的是，以前吵架的時候，吵過後，老公總是會哄著她，想法設法逗她開心，於是，他們便很快地和好了。

　　可是現在，老公簡直像變了一個人似的，寸土不讓，有時候罵蘇薇不可理喻。聽著老公的嚴厲訓斥，蘇薇有時會氣哭了，但是就算蘇薇哭了，老公也不會退讓一點。

　　蘇薇覺得老公不像以前那麼愛她了，而且老公也不知道她想要什麼。蘇薇感覺，他們的愛情正在越走越遠，不是那種一個執子之手的遠，而是向兩個不同方向的遠。

　　有一天，多年不見的好朋友曼琳來看望蘇薇，

蘇薇好像找到了一個傾訴的對象，就像竹筒倒豆子似的，把所有對老公的埋怨一股腦兒說出來。

　　曼琳聽了蘇薇的話後，哈哈大笑說：「蘇薇呀，看來你還是原來的樣子，結了婚，還一點沒有變，還是那麼喜歡使小性子，喜歡不服輸。你要知道，你現在不是一個小姑娘啦，不可以什麼事情都由著自己的性子，你現在已經嫁人啦。嫁人就要隨夫，我看你的老公挺好的。其實，婚姻就像一個蹺蹺板，如果你老是翹在上頭，也沒有什麼意思。更何況，作為女人，應該懂得去成就自己的老公，不能再由自己的性子，每個男人都喜歡賢妻良母型的，這樣男人在外面打拼回來的時候，才會感到舒服和安心。如果他一回來，你要像以前戀愛的時候或者剛結婚的時候那樣鬧，再好的男人也會受不了的。婚姻需要激情，但是婚姻最終要歸於平淡。女人嘛，應該為自己的老公著想，多作出點犧牲，這樣你才能體會到婚姻的幸福。」

　　曼琳的一席話，讓蘇薇陷入了對婚姻的思考，

仔細一想後，自己也覺得有很多不對的地方。

曼琳走後，蘇薇一直記著曼琳說的話。在接下來的生活，蘇薇開始改自己的脾氣，由以前從不體貼老公，開始體貼老公，有時和老公的意見相左，蘇薇會選擇一些讓步，有時甚至會聽從老公的意見。

一段時間過後，蘇薇的老公也發現了妻子的變化，發現妻子開始通情達理了，開始會關愛別人了，心裏頓時感到十分溫暖。

看到了蘇薇的改變，蘇薇的老公有時沒有那麼據理力爭了，有時候也會讓蘇薇在爭鬥中取勝，讓著她。

兩個人的婚姻生活開始變得融洽而甜蜜了，蘇薇想起了曼琳的話，感慨說：「原來婚姻真是如此！」

其實，夫妻兩個人有時候就像兩個小孩打架，如果一方主動停手，那麼另一方也不會死纏爛打。

女人如果懂得成就自己的老公，那麼老公也會給自己充分的關懷和尊重。

臺灣著名作家林清玄說：「愛，是人生追求的目標，但更重要的是在追求的過程中變得更溫柔」。如果一個女人懂得一點溫柔，那麼男人也就不會那麼剛硬，就算剛硬，也會被你的柔情所折服，以柔克剛。

所以，女人應該允許兩個人之間的不同，這樣可以給彼此關懷的時間，讓兩個人有共同努力的空間。

心機小練習

由於不溫柔，女人往往索取更多，吝於付出；由於不溫柔，女人拒絕聆聽，蒙住自己的眼睛，那麼不如在愛情的國度裏重拾最初的感動，做個更溫柔的人吧。

「在天願為比翼鳥，在地願做連理枝。」有時

婚姻生活難免會誤觸了愛情的地雷，壓迫得老公喘
不過氣來，這時女人應該給老公一點空間，讓他感
受到你的包容，感受你對他的關心。

Chapter 4
妻子是老公的知己

女人要成就老公，必須要和老公交心，成為他的知己，會讓你的老公如虎添翼。

16　做一個很好的傾聽者

　　英國著名作家狄更斯說：「女人天生就像一只小鳥，它需要站在男人的枝頭上，做一個很好的傾聽者，才能唱出最動人的歌聲。」

　　張愛玲也說：「聰明的女人會去聽男人說什麼，愚蠢的女人總是只顧自己在說什麼。有時，男人需要的不是訴說，而是聆聽。」正如蘇格拉底說的那樣，自然賦予我們人類一張嘴，兩只耳朵，也就是讓我們多聽少說。

　　女人能說會道，也許會讓老公很開心，但是老公往往有時需要一個傾訴的對象，而這個對象最好的角色無疑是自己的妻子。如果一個女人在與老公說話時，總把自己放在主要位置，自始至終一人獨唱主角，喋喋不休地說這說那，讓老公都插不上

嘴，肯定會讓老公感到厭煩，感到身邊的這個女人原來根本不懂自己！

小麗的老公小軍是一家大房產公司的銷售職員，由於近年來，政府採取了一定的限購政策，使得原本競爭激烈的銷售業務變得更加不景氣，同樣之間的競爭也是與日俱增。這讓小軍每天的工作倍感壓力，因為小軍每個月的薪水直接跟這個月的銷售業績掛鉤，如果這個月一套房子都沒賣出去，他只能拿個基本薪水。於是，小軍每天都比別人提前一個小時上班，退後一個小時下班，為了就是能夠接待更多的客戶，接下更多的訂單。到了週末，別人休息，小軍在滿世界到處跑，去外面做業務，去大街小巷裏打廣告，推銷自己的樓盤，爭取可以拉到更多的客戶。

然後，儘管小軍工作非常刻苦努力地工作，有時候連飯都顧不上去吃，有時候還面臨客戶的各種刁難，有的時候出去一天，連一個客戶都沒有拉

到，這往往讓小軍黯然傷神，非常地沮喪。

每當他拖著疲憊不堪的身軀回到家時，唯一讓他感到安慰和重拾信心的就是有一個賢慧溫柔的妻子。小軍每次回來都要向妻子小麗訴一段苦水，有時候還會發牢騷。每當自己憋了一肚子氣回到家裏，把所有的憋屈和妻子一說，頓然感覺心情舒暢了許多，而壓力也頓時小了一大半。這似乎成為了小軍緩解工作壓力的一種習慣。

無論小軍每次說什麼，哪怕說的再無聊，有時候甚至是老調重彈，一件事情、一個人可以反反復複地來回說上好幾遍。小麗都十分認真地傾聽著老公說的每一句話，從來不會打斷老公，只是靜靜地聽著。看到老公說到動情傷心處，小麗還會主動上去把老公摟在自己的懷裏。這讓小軍感到十分溫暖，讓自己疲憊的心靈得到了很好的慰藉。

正是由於小麗無私的傾聽，才讓小軍從每天的疲憊中緩解了過來，然後投入到第二天的工作奮鬥中。

　　一個聰明的女人應該懂得傾聽，當老公在說話時，一邊安靜地聽著老公的一字一語，一邊專注地看著老公的表情，認真地揣摩老公說出的每一句話的心思。等老公說完了，你可以補充你的意見和觀點，同時也是對自己傾聽後的一種回應。

　　有時候，你的老公並不在意你要說什麼，有時他只是需要一個人來傾訴，說著工作上的麻煩和壓力，說出人生的理想等。當老公對你傾訴完了，你靜靜地傾聽，不去打斷，老公心理上的一些惆悵和壓力，也就隨著自己的話語散發出去，就像一個盛了太多水的水壩，需要開一道口子，讓一定壓力的水給慢慢地流出來。如果你這時總是打斷你的老公，搶佔了他說話的主導權，無疑就是讓水流中斷或者封閉了這道閘口，那麼你的老公自然也就鬱悶不已。

　　聰明的女人不僅懂得傾聽自己的老公，而且還知道如何去傾聽。傾聽並不是只用耳朵被動地聽別

人所說的話，要想取得良好的傾聽效果，還需要遵循一定的傾聽技巧才行。採用一些技巧去傾聽，會讓你的老公倍感欣慰，感覺如同找到了一個安靜的港灣，去撫慰他需要傾訴的心靈。

心機小練習

創造利於傾聽的環境。當老公說話時，外界的干擾存在干擾，不僅會影響老公說話的情緒，而且還會影響傾聽的效果，所以女人應當為老公尋覓一處安靜的環境。

不要隨便插話打岔。儘量等到老公把要說的話，一次性說話。即使你真的沒聽懂，或聽漏了一兩句，或不贊成老公的觀點，也千萬別在老公說話途中突然提出問題。

適時給予對方回饋。傾聽不僅是一個用耳朵去聽的過程，還應該用自己的身體語言、簡單的話

語，適時地給老公回饋，讓老公知道你一直在用心
聽他在說話。

17　像紅顏知己一樣
讓他找到心靈的歸宿

　　生活中，你的老公會有這樣的困惑：總是希望自己能夠有所得，以為擁有的東西越多，自己就會越快樂；總是在不斷地追求一些價值，可以發現有時候得到的，並不應就是自己想要的；總是不停地在忙碌，忽然感覺到不知道自己到底是為了什麼而忙碌……為此，老公感到了憂鬱、無聊、困惑、無奈、疲憊……一切的不快樂卻總是圍繞在老公的身邊，揮之不去，就像天空的霧霾，縈繞在了心靈上，久久不能散去，迷失了自我，迷失了方向。

　　這時候的老公就像是一個迷路的孩子，找不到回家的方向。那麼，這個時候的女人要竭盡一切去幫助自己的老公，去聆聽他心靈的聲音，去感受他的困惑和不愉快。讓他覺得在自己失魂落魄的時

候，還有一個精神的支柱，去做回他的紅顏知己。

有時候，男人也不是鋼鐵做成的，即便是最堅強的男人也會有脆弱的一面，男兒有淚不輕彈，只是未到傷心處。

當男人傷心時，感到失魂落魄時，他往往需要一個知己陪在自己的身邊，讓自己的心靈有一個歸宿。

艾敏的老公最近有些不順，做什麼都倒楣，好幾單生意都做賠本了，而且別人欠他的賬遲遲不還錢，他欠別人的錢，要債的人天天打電話給他，有時甚至堵在了公司門口。

為了打發這些人，他只好墊付了公司裏僅剩的一些現金。公司需要運轉，人員需要發薪水，沒有了周轉資金，會讓公司陷入困境。於是，他想向平時幾個不錯的老朋友借點錢或者請老客戶幫幫忙，可是沒有一個願意真心幫他一把的，都各自推諉，找各種藉口，總之是大家都沒有錢，日子都

不好過。

　　看著這些見利忘義的人，艾敏的老公非常惱怒，心想這個世界真是應了那句古話：「沒有永遠的朋友，也沒有永遠的敵人，只有永恆的利益。」當你沒有利益給別人的時候，別人立馬離你躲得遠遠的。想當初那些對他畢恭畢敬、溜鬚拍馬的朋友們，現在沒有一個人願意真心幫他。

　　在家靠父母，出門靠朋友。眼看著這些平時要好的朋友們一個個袖手旁觀，隔岸觀火的樣子，艾敏的老公感到非常傷心和苦惱，在自己的事業跌到低谷的時候，沒有人願意拉他一下。

　　事業上的不順，朋友們的背離，讓艾敏的老公消瘦了很多，每天下班回來，他也不怎麼說話了，吃完飯後就做在沙發上看電視。

　　看著老公一副心事重重的樣子，艾敏立馬就明白了老公肯定是在外面受了委屈和挫折。

　　於是，艾敏給老公煮了一杯咖啡，坐在了老公的旁邊，跟老公聊一些戀愛時候的美好回憶，然後

聊著聊著，就把話題引向了現在。

　　老公想起了過去的美好時光，也是非常回味，漸漸地打開了話匣子。艾敏的老公說出了最近遇到的倒楣事，說完了，又對艾敏說，讓她不要擔心，其實他本不想對艾敏說的，只是一下話起了頭，沒有收住，讓艾敏不要太擔心。

　　艾敏笑了笑，對老公說：「傻老公，其實，不用說我都知道。你每次遇到不順的時候，總是寫在臉上呢。你心裏怎麼想的，我還能不知道嗎？不過話又說回來了，我們現在是夫妻，你有困難和困惑，對我說也很正常嘛，別忘了，我不僅是你的妻子，還是你的紅顏知己呢。」

　　艾敏的這番體貼話，一下逗樂了老公。艾敏的老公摟著艾敏感慨地說：「是啊，你不僅是我的妻子，還是我肚子裏的蛔蟲，我想什麼都瞞不過你。知我者，我妻子也。」

　　看著老公舒展了皺了一晚的眉頭，艾敏心裏的石頭也放了下來，於是安慰說：「老公，你不要

太心急，事情總會有解決的辦法。想當初我們結婚的時候，那時候啥也沒有，不是照樣過得好好的嘛。只要有心，沒有停止努力，就沒有過不去的坎兒。」

艾敏的老公聽了，說：「是啊，我也是這麼想的，靠別人是永遠靠不住的，只有靠自己想辦法，天無絕人之路。」

艾敏連連點頭，表示對老公充滿信心。

經過一段艱難的時期後，艾敏的老公終於度過了難關，打開了事業上的瓶頸。回想起這段日子的經歷他才發現，原來是自己的妻子一直給予他最有力的支持，給他疲憊、困惑、受傷的心一個最好的歸宿，得以好好地療傷，重新站了起來。

然而，在現實生活中，並不是每個女人在老公失意的時候，都能夠及時地陪在他的身邊，那麼這時候，妻子應該果斷地站出來，為老公充當紅顏知己的角色，去撫慰他的心靈。

當老公事業不順或者失去某種重要的東西時，大都在心理上投下了陰影。作為妻子，應該充當一個好朋友的角色，幫助老公從失敗和挫折的陰影中走出來，讓他真正地意識到與其為失去的而懊惱，不如正視現實，換一個角度想問題：讓老公知道，現在失去的，正是將來可以重新得到的。一切的失意都是暫時的，一切失敗都會消逝，一切過去的和過不去的都會過去。

　　女人這個時候，應當像一個紅顏知己一樣去激勵自己的老公，讓他認識到人生有得有失，失意不一定要去憂傷，反而會成為一種美麗，也不是以這種損失，而是一種經驗的獲得，是為下一次的捲土重來做好更充分的準備。時下這個喧囂的社會中，有太多的虛名虛利會讓男人迷失了自己，找不到心靈的歸處。女人們應當在這個時候，成為老公最好的朋友，讓老公的心靈躺在一個安全的港灣裏，靜靜地療傷。

📋 心機小練習

以同事的身分給他支持。生存和升職往往只有同事們能夠感同身受,這時的老公需要來自同事的支持和鼓勵,這時會讓老公找到同是天涯淪落人的感覺,有利於幫助他克服困難。

以朋友的身分給他溫暖。戀人一時而朋友一世,男人們往往認為婚姻幸福美滿的標準是他們的女人樂於做他們的紅顏知己。

18　老公變得愛回家了

　　男人對家的概念，往往就像歌裏唱的：「一個不需要多大的地方，一個不需要多麼華麗的地方，在自己害怕的時候，在自己受傷的時候，我會想到它……」家，它是夫妻二人私密的空間，是一個小窩，一個藏身之所，它更是男人心靈的歸宿和生活的港灣。男人讓家更有個性，女人讓家更舒適。當一個愛家的女人具有設計的頭腦，又有生活的經驗，那麼這個家將沉澱出生活的意趣，婚姻生活也就鮮活起來了。

　　其實，一個老公愛不愛回家，從很大程度上取決於自己老公會不會打理自己的家；老公如果在家裏感覺不舒坦，感受不到幸福，往往也會影響到他對妻子的感情。因此，把家變成老公的溫柔鄉，變

成老公的安樂窩。

　　餘新甜大大咧咧，平時在家喜歡東西亂扔，鞋子亂放，是一個不喜歡整理家務的女人。她喜歡這種凌亂的生活，衣服可以放在床上、沙發上，零食可以擺一桌子，鞋子丟在客廳的地板上。如果你要是推開她閨房的門，也許你會無處下腳，是一個典型的「糟糟女」。

　　結婚後，餘新甜的這一習慣仍舊沒有絲毫的改變，儘管她的老公是一個在工作上認真嚴謹，生活上也是喜歡乾乾淨淨、整整潔潔的人。

　　每次老公下班回家第一件事情，就是打掃衛生，收拾凌亂的屋子。把亂糟糟的家打掃得乾乾淨淨，把衛生間裏的髒衣服全部洗掉。在丈夫的眼裏，他絕不允許在衛生間裏堆放好幾天的衣服，而餘新甜可以累積一個星期的衣服放在那裏不洗，堆積成一個小山堆，要麼乾脆地直接扔進垃圾桶裏，再買新的。

　　儘管老公每天都把家裏收拾得很整潔，第二天下班回來，家裏又會變得像發生了搶劫了似的。看著家裏亂糟糟的樣子，老公只好「望洋興嘆」，然後重新打掃整理。

　　在夫妻生活中，餘新甜知道老公非常地寵愛自己，老公知道她不喜歡做家務，是一個邋遢的女孩，但是仍舊寵著他。有時候，頂多對她偶爾抱怨幾句，然後一個人在那裏打掃衛生。餘新甜心裏很明白，自己有這樣一個壞習慣非常不好，可是無奈習慣成自然，平時邋遢慣了，現在一時想改也改不掉了。

　　日子一天天過去了，也許在餘新甜看來，婚姻生活最大的樂趣就是有一個人可以無怨無悔地在她的後面給她收拾爛攤子，可以每天都能穿乾淨整潔的衣服，可以每天都用光亮的盤子切水果後而不用再洗……

　　可是，最近一段日子以來，老公每天回家都很晚。回到家，洗洗澡，然後就進臥室睡覺，第二天

早早起來又去上班。在餘新甜看來，也許是因為這段時間老公工作忙，沒有太多的時間，也就沒放在心上，反正她在家已經習慣了這種亂糟糟的環境。

時間一長，餘新甜發現情況不對了。老公不是因為工作忙才很晚回來，而是故意拖到很晚的時候再回來，家對他而言就是一張床，躺在上面睡幾個小時的覺而已。就連週末休息的時間，老公也不在家裏待著，跟平時上班一樣，早出晚歸。

經過調查，餘新甜從老公的好朋友那裏得知，每天一到下班時間，老公總喜歡找朋友出去玩玩，要麼去唱唱歌，要麼去咖啡廳坐坐，要麼一個人出去散步，逛逛商場，看看公園的夜景。好朋友告訴她：她的老公實在有點忍受不了她的邋遢，出於愛的緣故，所以才一直沒有吭聲，只好用這種晚歸的方式進行逃避。

餘新甜這才知道，老公已經到了無法忍受的地步了，如果長期下去，必然會影響到兩個人的感情，毀壞家庭生活。餘新甜想了想，終於痛下決

心，決定改掉自己的壞毛病。於是，回到家裏，把家裏打掃得乾乾淨淨，物品擺放得整整齊齊，衣服也全丟進了洗衣機裏。

當老公回家時，看到家裏大變樣，瞬間明白了。第二天，老公又回到了從前的樣子，準時上班，到點回家，週末在家陪著欣甜看肥皂劇。

兩個人過上了幸福而甜蜜的家庭生活。

老公不愛回家，往往是因為妻子不會打理這個家。每個男人都想經過一天的緊張和勞累，回到家後，能夠在心理上、身體上和情感上得到放鬆和愉悅，這樣男人回到家，從生理上是一種休養，從心理上有一種被妻子疼愛的感覺。

家往往是男人在外面打拼後修養的避難所。每個男人都想下班回家後，有一個安詳、和諧、舒適和充滿愛情的環境，能除去男人工作上的勞累和疲憊。這樣，男人能夠及時地恢復精力，保持身心的愉悅，使他每一天都會對工作充滿熱情。

因此，一個女人要想讓老公早點回家，就應該把家營造成一個舒舒服服的環境，打造成一個安樂窩。

📋 心機小練習

整潔的環境，會給予勞累一天的老公舒適的感覺。凌亂不堪的家境，往往會增加老公的煩躁感，老公就不喜歡呆在這樣的家裏。

把家整理得有秩序，保持家的清潔。不僅能提高自己在老公心中的地位，而且能讓老公成為一個徹底的戀愛男人。

女人要想讓老公在家輕鬆、舒適，不妨對老公少一些要求，在老公「破壞」之後，再花些時間把家整理好。女人在這個時候，不僅僅是在整理家務，更是在鞏固夫妻之間的情感。

19 不妨讓婚姻也「休假」

　　兩情若是長久時，又豈在朝朝暮暮。有人說：戀愛的時候，兩個人像漿糊和口香糖，總是每天每時每刻都黏在一起，越嚼越有意思。結婚後，兩個人像貓和老鼠，恨不得一天都不見面。

　　這就是愛情專家口中說的：「愛情審美疲勞」。愛情審美疲勞就是即便你是一個如花似玉的妻子，秀色可餐，如果每天對著她的時候，也會有看膩的時候，就像一個人的口味一樣，每天面對都是一桌山珍海味，總有吃膩的時候。

　　這種現象的產生是人的生理和心理本能反應，當小倆口在一起生活久了，就會從開始的充滿激情轉為平淡，平淡久了，矛盾也就滋生出來了。尤其男人，當一個男人感到婚姻索然無味的時候，他往

往耐不住寂寞，在外面沾花惹草了。

所以，一個聰明的女人需要懂得如何去經營自己的婚姻，當婚姻的激情漸漸消退的時候，能夠及時地給婚姻一些激情補給，讓兩個人始終決心去長相廝守，這樣才會過上有滋味的婚姻生活。

那麼如何才能讓婚姻回到最初的味道呢？這時女人可以給婚姻放個假，給自己的老公也放個假。

有時候，選擇後退往往是最好的進攻，選擇捨得往往是得到的最好方式。女人適當地可以保持和老公一段距離或者分別一段時間，這樣一來，適當的分離，不僅能給老公在生理上有一個恢復，而且在感情上會因為分別而思念，這些都是點燃婚姻激情的好辦法，距離產生美，小別可以勝似新婚。

楚風和鐘藝結婚已經4年了。結婚之前，他們彼此約定：他們今生今世，永不分離。結婚後，小夫妻倆也實現了婚前的約定，兩人十分恩愛，平時除了工作之外的時間，夫妻兩人都膩歪在一起。有

時候，工作上有飯局，婚後，他們似乎是實現了婚前的誓言，他們除了工作之外，剩餘的時間幾乎都在一起。有時候，週末放假休息，鐘藝甚至犧牲掉和好姐妹逛街的時間，在家好好地陪自己老公，每個雙休日也變成了兩個人的世界。

然而，兩年過後，兩個人發現在一起並不像開始那麼快樂了，兩個人在一起漸漸地感到無聊，甚至厭倦每到週末的時候，兩個人大門不出、二門不邁，整天捆綁在一起。

有時候，兩個人在家就是躺在沙發上看電視，連一句話都懶得說，更少了一些共同的語言和親昵的動作。

可能經常宅的原因，楚風越來越發福，長了一個大肚腩，而鐘藝也成了一個水桶腰，每天衣冠不整，頭髮蓬鬆。由於在家沒有化妝，鐘藝臉上的斑點、暗瘡就全堆積在臉上。楚風越看越覺得老婆一點也不好看。

而鐘藝呢？她也發現老公楚風大男子主義也越

來越嚴重、越來越挑剔。於是，兩個人在一起的時光逐漸被大吵三六九、拌嘴天天所淹沒。

有一次，兩個人因為一件小事大吵了一架，這是他們結婚一來鬧得最凶的一次。老公楚風說到氣頭上：「這生活真的失去了原來的味道，不如我們離婚吧！」

一句話說得鐘藝眼淚俱下，想以前的日子兩個人恩愛有加，如今真到了無法在一起過的地步了嗎？於是，兩人商量決定暫時分開一段時間。

鐘藝搬到了公司去住，約定半個月見一次面，平時沒事不打電話，給兩個人充分自由的時間。這也是結婚一來第一次分開。

最初的幾天，楚風看到了充分了自由，可以加班，還可以加班後和朋友一起出去喝幾杯。可是，楚風發現每天要早起了，自己做早餐，有時候也會叫外賣或吃食堂，他發現總沒有在家時老婆做得飯菜香。一段時間過後，楚風開始想念鐘藝了，尤其是晚上一個人睡在床上，孤單寂寞的感覺湧上

心頭。

　　他開始回想曾經在一起的甜蜜時光，想著妻子的種種好處，才發現她原來是如此可愛，把最寶貴的愛給了自己。

　　楚風對自己的鐘藝的思念也越來越強烈，尤其是週末的時候，一個人在家吃泡麵，以前都是每個週末，鐘藝做好多好吃的菜，來慰勞他一周的工作辛苦。

　　終於在分開了兩個月後，楚風實在受不了，主動到了鐘藝的公司，把她接回了家。楚風看到鐘藝也憔悴了很多，上去緊緊地摟著自己妻子。

　　在那一晚上，他們都有一種失而復得的感覺，說了一夜的話，回憶以前的浪漫生活，言語之間透著甜蜜。他們總結出，之所以他們之間發生矛盾，原因是因為他們平時在一起的時間太多了，沒有各自釋放的空間。於是，他們約定當以後再出現矛盾時，就把小別當作調劑婚姻的手段，給他們的愛情放個假。

　　不難看出，鐘藝是聰明的女人，在關鍵的時刻，她選擇讓婚姻「休假」，而不是去離婚。這種「休假」式的離別，能夠讓矛盾激烈的夫妻彼此冷靜下來，挽救了自己的老公，讓婚姻重新回到了正常的狀態。

　　適當給婚姻放一個假，給老公一個喘息的機會，讓老公呼吸一點新鮮的空氣，可以讓平淡寡味的婚姻生活重新蕩起波瀾，使婚姻生活重新充滿激情。

📋 心機小練習

　　婚姻中「長廂廝守」和「永不分離」，那是兩個人一生的承諾，它不局限於一時，婚姻中適當的分離，往往更有利於一生的「長廂廝守」和「永不分離」。

讓婚姻「休假」，「兩情若是久長時，最忌在朝朝暮暮；一離一別一相逢，便勝卻人間無數。」

做老公眼中的魅力女人

　　人們常說「竹席越舊越好，老婆越新越好。」
對於男人來說，女人的美貌永遠都是最重要的，因
為你如果始終保持美麗的容顏、優雅的氣質，老公
的心靈便會主動向你靠近，主動與你溝通，把你當
成他心中最值得信賴的人，是他在外打拼的最好的
動力。

　　女人如何保持自己的美麗，需要根據老公喜好
去妝扮自己，這也是理解老公的一種方式。如果你
妝扮出來的，恰好是老公最喜歡的，那麼老公自然
會覺得和自己的妻子是心有靈犀一點通。

　　妻子的美麗，在老公眼裏是與眾不同的，這
不僅僅在於容顏上的美麗，兩個人的經歷及其與
眾不同的關係，因此，女人要想真正成為老公的最

想要、最喜愛的女人，需要內外兼修，把內在美
與外在美完美地結合在一起，展現出女人真正的
魅力。

　　余先生如今已經晉升為了某大公司的一名高級
主管，地位和薪水都讓人羨慕。自從家庭生活條件
好了以後，余先生就讓妻子文娟辭掉了做會計的工
作，回家當了一名全職太太。

　　文娟一下從一個職場白領，變成了一位全職的
家庭主婦。可是，自從回家做了全職太太以後，她
發現自己的老公越來越不正眼看她了，還經常說什
麼「你現在土得掉渣，一點也不懂我的心思了。」
「你這麼太不修邊幅了，真有點受不了你！」

　　在文娟看來，現在是在自己家裏，沒有必要跟
上班一下，濃妝淡抹，也沒有必要穿好看的衣服，
每天穿著家居服就好。直到有一天在浴室打掃完，
對著鏡子才發現，自己都快認不出自己了。頭髮蓬
鬆，一臉惺忪的模樣，耷拉著拖鞋，手裏拉著一個

拖把，簡直像極了一位家庭保姆，這哪還有當年在職場的感覺：高高挽起的髮髻，耳邊耳墜搖晃，淡淡的口紅和眼影，一身白色的襯衫加上秀氣的小西服，穿著一雙高跟鞋，再加上化妝後漂亮的臉蛋，是公司公認的大美女。而如今似乎成了一名黃臉婆，一個清潔工。相比之下，老公每天西裝革履，氣宇軒昂，難怪老公越來越看自己不順眼，失去了興趣。

文娟知道如果這樣長期下去，勢必會影響自己在老公心目中的地位，造成和老公之間的「脫節」，長期下去一定會影響家庭的夫妻生活。文娟決定來個180度大變身，她決定要把家庭主婦當成一個職業來做。

於是，文娟每天早晨起來，對著自己梳妝鏡認真地打扮一番，接著丟掉家居服，換上好看凸現女人韻味的衣服，穿上一雙漂亮的鞋子。整個人看上去，不僅顯得精神，而且很有氣質美。

當老公下班後，看到妻子在家裏忙碌，頓時眼

晴一亮，心情也更加愉快了。有時候，老公還親自
為文娟搭把手，兩個人一起做家務，你洗衣服我做
飯。忙到動情處，老公還從腰後緊緊地抱著文娟，
老公說文娟好像回到了戀愛時候做情人的感覺。

　　余先生看到打扮以後的文娟，高貴優雅，再加
上文娟本身人也長得漂亮，覺得自己娶到了一個好
太太。以後凡是出席公司聚會的時候，他都帶著
文娟一起去。文娟也心領神會，每次在聚會上，
不僅氣質優雅，而且談吐有禮，給人們帶來豔羨
的目光，夫唱婦隨，也給自己的老公的形象大大
加分。

　　很多女人往往在外出的時候或者在工作的時
候，知道打扮一下自己，而在家裏就不知道修飾自
己了。其實，女人在家裏的修飾往往要比她外出打
扮更重要，因為外出打扮只是給別人看的，而在家
打扮是給老公看的。

　　當你在家打扮得很有女人味的時候，就等於是

在老公面前提高了品位，同時也是一種對老公的尊重，讓老公知道你是為他而特意打扮的，這無形之中是進行了一次心靈上和情感上的溝通，用一種無聲的語言把夫妻之間緊密地融合在一起。

📋 心機小練習

在結婚之前，很多女人羞羞答答，使她的可愛彰顯無虞，更使得她在丈夫面前增加了不少女人應有的神秘與溫柔。可結婚以後她們就不同了，在丈夫的面前少了一份矜持，多了幾分粗俗，再加上容顏盡失，這樣的女人哪有多少魅力可言？因此，夫妻之間，不要因為在朝夕相處中熟不拘禮，女人最好是始終保持當年羞答答的樣子，學會總給老公一種新鮮感。

不可否認，自己的妻子總能保持漂亮的容顏，這確實是每一個老公所期盼的，誰不想自己有個漂

亮的太太呢？青春無法永永駐，妻子要保持自己的
那份氣質美。

變身幸福人妻

Chapter 5

讓他成為你想要的

女人需要有謀略，讓老公變成你的理想男人，
這會讓他看起來更完美，你也更有優越感。

21　慣一寸，進三尺

　　男人都希望自己的女人是溫柔體貼、善解人意的，她們最好能包容自己的一切缺點，能夠原諒自己的一切錯誤，這樣自己才能過得舒坦，這樣的女人也才比較可愛。於是，女人們一個個為了成全他們的舒坦，而想努力成為男人心目中的可愛的女人，對他們的錯誤能讓能忍，以為這樣男人就會更喜歡自己，殊不知自己犯了一個天大的錯誤。

　　因為有些男人慣不得：你無視他的錯誤，他就讓你喪失地位。或許有人會說，溫柔可愛的女人是男人喜歡的，可是，有些男人之所以希望女人能夠按照自己的心願變得可愛，就是因為他們想要自己活得舒服，他們的最終目的是讓自己活得好些，而

不是為了更加地去疼自己的女人。

　　女人對男人太大度容忍；就是把自己的地位推向岌岌可危。如果女人對男人的錯誤一忍再忍，男人可能就會變壞，與狐朋狗友們在外海喝，和女同事不清不楚，最後甚至會徹夜不歸，等到有一天領著「小三」到你面前的時候，你就會後悔莫及了。男人是喜歡「得寸進尺」的，你的一再原諒只會讓他覺得是你不敢把他怎麼樣，甚至把你的寬容當作是放縱，他不怕犯錯誤，所以才會肆無忌憚地繼續犯錯誤。

　　在雨涵的心裏，她認為夫妻兩個人要想白頭到老，就必須要一方善於妥協，一方總讓著另一方。在她眼裏，老公就像是自己的孩子，需要慣著、寵著。

　　結婚後，不管老公犯什麼錯誤，她都不會太計較，她都選擇原諒自己的老公。有時候，老公做出她不喜歡的事情，她就假裝沒有看見，就像貓頭鷹

睡覺，睜一只眼閉一只眼。雨涵非常不喜歡酒精的氣味，可是老公經常喝得酩酊大醉，走路東倒西歪。

在雨涵看來，老公可能是由於工作上的應酬，才不得不喝那麼多酒。於是，她盡心盡力照顧自己的老公，給他洗臉，給他洗腳。

有時候，公司裏的女同事常常往家裏打電話來找老公，雨涵也沒有多想，老公能力強、長得也帥，自然會招很多人喜歡，有幾個異性朋友也是很正常的。

雨涵就這樣寵著自己老公，兩人結婚後倒也相安無事，也從來沒有吵過一次架。

老公剛開始的時候，有時回來得晚了或是和哪個女同事走得太近了，覺得有點擔心和害怕，害怕回家後妻子會和自己吵鬧，但是沒想到妻子對此毫無怨言，反而對他照顧有加。

漸漸地，老公認為這也是很正常的事情，即便犯了錯也覺得無所謂，所以只要有人叫他出去玩，

他都立即答應。有些女性朋友頻頻向他示好，暗送
秋波，他也欣然接受，膽子也越來越大，有時喝得
越來越多，回來的得越來越晚。

　　雨涵以為只要自己寵著老公，愛著老公，就能
得到屬於自己的幸福，可是雨涵萬萬沒有想到，時
間一長，老公竟然在外面有了情人。

　　更可惡的是，有一次老公居然把情人帶回了自
己的家裏，被雨涵撞個正著。事後，老公不但沒有
認識自己錯誤的嚴重性，痛改前非，反而表現出一
副無所謂的樣子。

　　雨涵徹底傷心了，哭得跟一個淚人似的。她不
明白自己一直寵愛著老公，盡心盡力照顧著老公，
老公為什麼還要背叛自己。

　　帶著一份絕望，雨涵和老公提出了離婚。兩個
人結婚才不到兩年，就分道揚鑣了。

　　俗話說「人無完人」，沒有人是不會犯錯誤
的，所以原諒一個人的錯誤是有必要的。對於那些

　　無關緊要的小錯誤睜一只眼閉一只眼，這對女人來說是難得糊塗，因為沒有哪個男人喜歡斤斤計較，沒事就找他茬的女人。

　　男人在外面工作是很辛苦的一件事，希望回到家是迎接女人的溫柔體貼．把一切都打理得好好的女人，而不是總抓著自己的錯不放，就是沒錯也能「雞蛋裏面挑骨頭」的女人，因為你這樣做不僅讓他覺得你不夠寬容不夠大度，還會傷害男人的自尊心。男人是不會像女人那麼要完美，他們覺得你太計較就是不給他面子，這樣做只會讓男人越來越討厭你，把你自己逼上絕路。

　　但很多女人看來，小心眼的女人做不得。但要提醒女人的是，女人也決不能無視男人的一切錯誤，因為男人之所以需要女人，有些就是因為他們不像女人那般能夠發現自己的錯誤，就是希望女人能夠看著自己，防止自己犯一些致命的錯誤。

　　所以，太「小氣」和太「大氣」都是極端，太小氣是因為女人希望男人能夠完全在自己的掌控之

中，而忽視了男人的感受。可是太大氣就讓男人完全地舒坦了，卻沒有想到女人的幸福。兩人在一起就是兩個人的事，怎麼可以只考慮一方呢？這樣兩人又怎麼能夠幸福？

　　所以女人不能太斤斤計較，也決不能對他的一切錯誤無視。對於那些無關緊要的小錯誤，女人睜一只眼閉一只眼是需要的，可是面對那些危害了女人地位的錯誤，或者可能發展成危害自身的錯誤時，就不能坐視不理了，一定要在它們剛剛發芽的時候就把它們扼殺在搖籃裏。否則，等它們茁壯成長、威脅到自己的時候再想辦法就已經太遲了。

　　也就是說，對男人的寬容要有個限度。失去了限度；一切就變了質，為了男人感激你，女人就不能小氣，為了自己的地位，女人一樣不能大氣，該管的還是要管，絕不能手軟。

📋 心機小練習

　　老公有時候就像一個孩子，需要慣著，但是不能太慣著，太慣著就會讓老公感覺不到妻子的威脅性，從而做什麼事情都會隨心所欲，所以聰明的妻子會慣著自己的老公，也會管著自己的老公，讓老公既感到妻子的溫柔，又感到妻子是一只隨時可能爆發的老虎。

　　聰明的女人會懂得管教自己的老公，因為好的老公離不開女人的調教，有出息的老公不能太慣著。男人一旦太慣著，就會變懶，就會變心，就會變得沒有了鬥志。

22 女人的地位，
決定男人花錢的態度

　　相信在現實生活中，每一個女人都喜歡大氣豪爽的男人，每一個女人都想找一個肯為自己花錢的老公。俗話說的好：「老公賺錢，給老婆花。」

　　如果一個女人的老公太節儉，就像一個吝嗇鬼、一個守財奴一樣，那麼這個男人即便再富有，女人也不會感到幸福。因為女人感到自己的老公就算是一個有錢人，也只是把錢放在了銀行裏，並沒有花在了自己的身上，因此，女人會給老公扣上「小氣鬼」的帽子。

　　現在女性多數這樣認為，老公就應該是能賺會花，省錢省不出有錢人；老公是應該想著怎麼賺錢、花錢，而不是怎麼省錢。如果一個老公對自己的老婆太摳門，往往會讓自己看不起，更加會被認

為很難有出息。

　　所以，一個女人要想成就自己的老公，就應該想方設法讓他大氣起來。

　　蘇傑是夢桐的大學同學，大學時追了夢桐3年，但由於夢桐父母嫌棄蘇傑是農村出身一直反對，所以夢桐也就一直沒有答應。

　　大學畢業後，蘇傑由於成績優異，馬上在上海找了份不錯的工作，更巧的是兩個人又同時到了一家公司。來公司後的第一個月蘇傑就馬上又展開了對夢桐的愛情攻勢。看著蘇傑對自己的一片癡情，夢桐非常感動。這次由於蘇傑已經有了份不錯的工作，於是夢桐回家說服了父母，得到了他們的同意，終於兩人在了一起，並且很快結了婚。

　　大學的時候，夢桐對蘇傑的感覺也不錯，但是由於知道父母強烈反對，兩個人是根本沒有可能的。現在蘇傑在一家知名公司獲得了一份不錯的工作，而且薪水頗豐。但是，夢桐發現，蘇傑從來

都沒有給自己買過什麼禮物，就連自己的結婚戒指，也是兩個人一起掏錢買的。夢桐一開始認為，這可能是蘇傑以前受到貧困的影響，所以事事都節儉慣了，但是後來夢桐發現，老公原來是一個很小氣的男人。尤其是這種小氣在工作上面，給老公帶來負面的影響。同事們一起出去聚餐，老公從來都不買單，也從來不請朋友出去吃飯，甚至連一杯咖啡都不請別人，這讓老公在公司失去了很多人緣。

　　夢桐決定要改掉老公的這個壞毛病。於是，她隔三差五地就要求老公給自己買禮物，剛開始的時候，她要求的都是些便宜的禮物，慢慢地她開始提高檔次，有時看著老公很不願意，她就使出一些威逼利誘的手段或者軟磨硬泡。蘇傑一方面出於對老婆的愛，一方面受不了夢桐的一再央求，於是咬著牙買了。

　　久而久之，蘇傑也不再那麼心疼錢了，他想反正都買了很多次了，也不再乎再節約這點小錢了。

　　令夢桐感到意外的時候，在一周年的結婚紀念日那天，夢桐沒提出要老公送自己東西。結果那天晚上，夢桐下班回家推開家門的時候，看到房間裏床上放滿了鮮豔欲滴的玫瑰花，整整999朵。

　　夢桐知道這些紅玫瑰價值不菲，肯定需要不少錢，就連自己都有點心疼了。

　　這時，蘇傑湊到夢桐的耳邊：「只要老婆開心，就算花再多的錢都不是浪費！」

　　夢桐聽了很感動，一把緊緊地抱著老公，覺得此刻真是太幸福了！

　　夢桐也發現老公不像以前那麼小氣，並且在公司裏人緣也越來越好。一年後，老公在公司的民主選舉中獲得了很高的票數，成功升職了。

　　男人不是不可以節儉，但需要懂得如何才是節儉，如果只為了面子一味地在女人面前耍豪爽的男人，也只會是那種不會過日子、不可靠的男人。但是一個男人如果太小氣，就會讓自己的女人覺得他

是一個吝嗇鬼，在同事朋友面前喜歡占小便宜。這樣既不利於夫妻生活，而且還會影響老公在外面的交際，影響老公的事業前途。

有時候，男人需要一定的消費。比如在請客吃飯、喝酒上，理所當然，這也就是最能表現一個男人善於為人處事的能力。

女人不狠，地位不穩，有時候女人要學會狠一點，這樣老公才不會那麼懶惰，讓老公變得勤快起來，才能夠讓老公有所作為，才能讓老公把所有的錢都花在自己的身上，把所有的愛都給了自己。

心機小練習

要記住，女人的愛可以無價，但不可以廉價，而女人愛的價值恰恰是通過一個男人的消費來體現的。所以，千萬不要讓自己的老公成為一個吝嗇鬼。

需要讓老公懂得節儉，卻又不失體面，不會讓

人覺得自己的老公是一個小氣的男人，這樣才是真
正讓老公在外面有面子。

23　別和其他女人的老公比較

　　俗話說的好：「人比人，會氣死人。」男人最厭惡的一句話就是，不希望他的女人們說：「你看看，人家的老公怎樣怎樣，為什麼你同樣是一個男人，連別人的十分之一都比不上。」如果你的老公聽到你說這樣的話，肯定鼻子一定會被氣歪，甚至會引起一場「腥風血雨」。

　　比較也許是女人們的一種天性，他既希望自己的老公是最好的男人，同時也不希望滿足於現狀，看到別人的老公比自己的老公強勢。

　　有人形容，女人是生活中的一道風景線，因此，如果沒有女人之間的相互比較、爭奇鬥豔，那麼怎麼會促進自己的老公「好好工作，天天向上」呢。

　　然而，女人們忽視了一點，那就是每個人的老公都是不一樣的，不可能每一個女人的老公都是世界首富，也不可能每一個人的老公都是武功蓋世。十根手指伸出來，也有長短。如果女人們盲目與人比較，那是過分虛榮的表現，會給老公施加各種壓力，使老公精神緊張，甚至為此不堪重負，這不是成就老公的表現，而是會害了自己的老公。

　　萱萱和老公結婚後，都考上了公務員，雖然每個月賺的錢不是很多，但是可以確保旱澇保收，並且他們結婚時已經買了新房子，現在可謂是工作穩定、收入偏上、住房寬敞，是一個理想型的小康之家。

　　然而，萱萱是一個虛榮心很強的女人，當初她就是硬逼著自己老公辭掉原本薪水不錯的工作，跟她一起考公務員。因為萱萱覺得公務員聽起來體面，覺得有面子。

　　萱萱的老公高大帥氣，當她和老公一起出去逛

街的時候，總會引起很多女生回頭觀看，每當萱萱看到別的女人眼裏那種羨慕的眼光時，她就引以為榮，沾沾自喜。

萱萱的老公不善於應酬，不喜歡有事沒事三五朋友聚在一起，不是唱歌就是泡吧，可是萱萱每次都要老公陪同自己一起去參加活動。老公拗不過妻子，也就只好硬著頭皮跟她去。每當朋友都誇讚萱萱找了一個這麼高大英俊的老公時，萱萱心裏都樂滋滋的，喜歡老公的風度出眾帶給她的滿足和驕傲，她享受著這種與人比較之後的愉悅心情。

可是，時間不長。萱萱又感到心情不平衡了。因為當她看到以前同學們一個個開上了私家車，住進了複式結構的大房子，這種優越感頓時消失了。

跟那些有錢的同學家庭相比，萱萱和老公那點薪水自然是無法相提並論的。有一次，一個同學對她說，她老公的一套衣服竟然值了她一個月的全部薪水。

萱萱聽說，辦公室的一個同事給家裏的孩子買

　　了一架鋼琴，萱萱不想丟了面子，也不管自己的孩子對鋼琴有沒有興趣，就買了一臺回來放在家裏。

　　後來，她又聽說某某的老公不久前拿到了美國的全額獎學金；某某的老公已經做了博導；某某的老公開了一家公司，一年賺好幾百萬，等。

　　萱萱越來越覺得自己的老公無能了，由於萱萱喜歡比較，家裏經濟不堪重負，火藥味也就漸趨濃重。

　　萱萱的老公為了討得萱萱的歡心，為了家庭的安寧，最終決定報考博士研究生，從回家當晚就開始埋頭苦讀，大門不出，二門不邁，原先想好的所有休假計畫一樣都不敢實現，雖然換來了萱萱的微笑，但是他自己一點也不快樂，整個人疲憊不堪。

　　萱萱總是永無止境地和別人比較，豈不知一山總有一山高，這讓萱萱的老公疲憊不堪，覺得自己像大海中一葉偏離航道的小舟，找不到避風的港灣，越來越累。

也許你認為，這並不是比較，這是為了激勵老公進步，可是你有沒有想過，如果這不是老公感興趣的，強迫進行的，往往會事與願違，你的抱怨、比較、輕視只會拖垮老公的自信心，撕掉他的自尊心，成為他前進路上的絆腳石。

你應該明白，當你真正從心底裏覺得老公好的時候，你是不會拿他去與別人作比較的，只有在不滿的心態下你才會拿他來作比較，而且肯定只會比較出他的不足之處，因為此時你是在拿他的缺點同別人的優點相比。

尺有所短，寸有所長。聰明的妻子，應該寬容老公的缺點，欣喜老公的優點，允許老公去發揮他那天賦的自我，走出他的道路。

當然，鼓勵老公發奮圖強並沒有錯，但是，在這過程中，你首先應該讓老公感受到你的愛，他自然就會為了愛你而追求進步。

📑 心機小練習

　　世界上最具破壞力，最使老公感到恐懼、厭惡的，就是被他們視為最親近的妻子拿自己去與別人比較。即使他具備所有值得你誇耀的優點，但那仍然不是你拿來比較的資本！

　　相信聰明的女人，一定善於體察老公的這種心理，給他以適當的關懷、適時的體恤，要懂得知足常樂。

「志同道合」遠勝於「賞心悅目」

　　人們都聽說過，古代的皇帝挑選妃子，實際上就是挑選美女，網羅天下最漂亮的女人，送到皇帝身邊。當那些剛進宮的美麗女子，可能會得到集「三千寵愛在一身」般的恩寵。可是，幾年過去後，容顏衰變，這樣的寵愛就會被其他剛選上的美女帶走。因此，在皇帝的後宮，很多女人往往從此獨守空房，再也得不到皇帝老公的寵愛，而皇帝也會因為找不到真愛，從而發出了「如何四紀為天子，不及盧家有莫愁」的慨歎，

　　在愛情的世界裏，我們常常宣揚要郎才女貌，要金童玉女，這樣在人們的眼裏，看起來才是天造的一對、地設的一雙。在很多人的眼裏，外表是第一位的，長得好看，在家不僅可以賞心悅目，在外

可以拿得出手。愛美之心人皆有之，尤其是女人，選擇一個英俊帥氣的小夥成為自己的老公並沒有錯，美女愛帥哥也是天經地義的事，但是女人應該記住，對於外表的喜好不是我們選擇老公的最重的那塊砝碼，因為好看的相貌不能跟隨人一生的，再帥氣的小夥，也會有衰老的那天，如果把選擇老公僅僅建立在美貌的基礎上，就像把樓蓋在沼澤地上一樣，總有一天會塌掉。

　　在日常生活中，女人們在選擇老公的時候往往無意識地以貌取人，她們被這種美男子的風流倜儻，佔據了芳心，款款深情，甜言蜜語，陶醉在他的溫柔鄉里，不能自拔。可是，當結過婚後，油鹽柴米醬醋茶的日子一過，你就發現原本帥氣的老公跟你格格不入，你會發現你們倆永遠想不到一塊去，一件事情也不可能達到一致的意見，於是家庭戰爭爆發了。當你發現自己上當想要退出的時候，已是傷痕累累，已經晚了。

有一個長得非常漂亮女孩叫簡妮，在大學的時候被人們公認為校花。工作後，也是公司裏最漂亮的美人兒。

　　這時，有兩個男孩同時在追求簡妮，一個男孩長得非常英俊帥氣，而另一個長得相對一般，但是當簡妮和他在一起的時候，會感覺到踏實安全，更重要的是他們很談得來，在很多事情上的看法總是保持　致，可謂是心有靈犀。然而，簡妮還是被那個帥氣的男孩給迷住了，每當她看到那個男孩迷人的眼神，就會心花怒放。

　　其實，她也感到非常地為難，不知如何去選擇，經過一番激烈的思想鬥爭後，最終，她還是抵擋不住帥氣男孩的魅力，選擇了和他在一起。

　　剛開始交往時，他們走在路上，總會有人們的回頭觀望，也引起很多女孩的羨慕目光，簡妮覺得非常幸福。可是交往了一段時間後，她發現這個男孩習慣了別人的寵愛，從來不會主動替他人著想，使她倍受冷落，更讓她無法容忍的是，她每次提出

什麼意見或者做出什麼樣的決定，總是遭到這個男
孩的反對。

　　不過，最後簡妮還是和這個帥氣男孩步入了婚
姻的殿堂。簡妮以為，結婚後，她會是一個幸福的
新娘，老公會非常疼愛她，也會讓著她一點，因為
他們現在是親人了。可是，簡妮錯了，婚後老公不
但沒有讓著她一點，而且比以前更變本加屬了，凡
事都是自己做主，從來不考慮妻子的想法，簡妮沒
有一點自主的權利。

　　簡妮剛開始的時候，還能夠忍受，可是隨著日
子一天天過下去，簡妮發現跟自己的老公簡直就是
兩個世界的人，她有時甚至懷疑自己的老公是不是
從火星上來的，一點也不屬於她的世界。

　　於是，兩人開始發生爭吵，並且越鬧越凶，直
到日子沒法再過下去了，兩個人見面就像看到仇人
似的，最後簡妮終於離婚了。

　　經過一次失敗的婚姻，簡妮傷心透了。就在這
時，那個長相平凡的男孩來到了簡妮的身邊，鼓勵

她、安慰她，一直陪在她的身邊，陪她聊天。

簡妮這時才發現身邊這個長相平凡的男孩才是最適合自己的，男孩的話如一陣春風溫暖著她受傷的心靈，男孩的想法和她多麼一致，就像一股清泉，滋潤著她乾涸已久的心田。

在男孩的鼓勵下，簡妮重新相信了愛情，並且和這個平凡的男孩結婚了。

婚後的簡妮很幸福，生活中的很多事情，老公都會主動找簡妮商量，並且兩人很多意見想通，很快達成了一致。

簡妮覺得這才是自己真正需要的幸福，她這才意識到志同道合的婚姻遠遠比只憑美貌的婚姻幸福的多，靠譜的多。

在現實生活中，美貌是一把雙刃劍，既能帶來光環和驕傲，也會帶來麻煩。情人眼裏會出西施，人可以不因為美麗而可愛，但可以是因為可愛而美麗。如果你愛一個人，那麼首先你要看重的是不是

你們是否真的合適，是否想法一致。如果你們連想都想不到一塊，只憑彼此之間的美麗相互吸引，那只不過是一種空中樓閣，經受不住現實生活的沖刷；那往往就像一朵綻放的曇花，雖然美麗動人，卻只能維持短短的時間，一旦遇到一點風吹雨打，就會瞬間凋落。

心機小練習

愛情也是一樣，美是人人追求的，女人要讓自己的老公成為自己理想的那種，不能僅僅只靠自己的眼睛去追求，還要靠自己的心去尋覓。只有用「心」去尋覓到，才能夠走得更長遠，才能有一個與你志同道合的人，他容貌雖逝，但人心永恆，這才是你長久的老公，你才會永久地幸福。

女人要學會和老公擁有同一個夢想，同一個方向，這樣一來才會處處和老公想到一塊去，擁有

默契，從而產生強大的力量，做老公事業最好的
推手。

25 和老公有共同的語言嗎？

　　一個理想的老公必須要和自己有共同語言，沒有共同語言，兩個人就會有一些事情說不到一塊兒去，夫妻兩人就會缺少溝通，沒有正兒八經的會談，也沒有床頭床尾的私房話。共同語言，是女人融洽和維繫老公關係的基礎，是一束和老公穩定發展感情的七彩陽光，是一滴和老公一起滋潤繽紛和美好生活的甘露……一旦女人和老公失去了共同語言，那麼就等於是把婚姻陷入了一潭死水，隨著時光的流逝，和老公的感情終有一天會被蒸發殆盡，變得乾涸。

　　那麼，什麼是共同語言呢？

　　多數女人認為，共同語言是建立在彼此之間的文化水準相近，身分地位互相差不多，並且有著一

定志同道合和相通興趣愛好基礎上的，兩個人對彼此的一種認同，共同感興趣的語言。

女人要想生活得更幸福，就必須要和老公建立一種共同語言，這樣雙方在細水長流的生活中，有共同感興趣的話題，兩個人對一件事情更容易談得來，更容易談得攏，更容易談得投機，這樣才不至於枯燥乏味，才能一起創造一些有趣的樂事，創造更多的歡樂。

和老公有共同語言，就像一部長長的電視劇中需要不插播的廣告，雖然不能取代電視劇中的主體地位，但是可以活躍氣氛，同時也可以給彼此避免長期的「婚姻疲勞」。

如果你和老公一旦沒有了共同語言，生活在一起就會鬧很多的彆扭，你講東，我講西；你說天，我說地；你談柴米油鹽，我談政治科技……於是，當初恩愛有加的小倆口，因為失去了共鳴，導致婚姻鬧翻了、跑偏了，最後不得不勞燕分飛了。

　　楊豔和老公朱洋都來自一個偏遠的縣城，來到
大城市裏打工賺錢。他們是在同一家工廠當工人的
時候相識的，彼此之間一見如故，兩個人在一起總
有說不完的話題，說著家鄉城鎮的寧靜與優美、大
城市的喧囂與熱鬧，訴說著兩個人各自近乎相同的
打工遭遇，同時憧憬著相同的人生夢想……

　　於是，平日裏除了上班時間，兩個人沒事的時
候就坐在一起，數星星、談月亮，日生情愫，一段
時間後，彼此之間產生了愛情。

　　在春節回家的時候，他們一起回老家見了彼此
的父母，順利結婚了。婚後，他們重新來到了他們
夢想紮根的大城市，繼續奮鬥拼搏。

　　幾年後，楊豔和老公朱洋都有了點積蓄。一次
偶然的機會，老公和一個朋友合夥做了點生意，楊
豔的老公賺了一大筆錢。

　　有了錢，他們在大城市買了房子，安了家。在
做生意的過程中，楊豔的老公朱洋意識到知識的重
要性，於是他參加了自考，考取了本科學歷，後來

考了一所大學的碩士研究生，知識的海洋讓朱洋如癡如醉。

可是，老公朱洋並不滿足，他決定要繼續深造，考取博士學位。隨著老公的學歷越來越高，文化知識越積越厚，她發現老公越來越不和他說話了。

有時候，以前在一起聊得很開心的話題，在現在的老公眼裏變得無聊，低級趣味；以前在一起天南地北地侃侃而談，現在被老公說淨是些不切實際的空想主義；原本在一起說好的理想現在成為了楊豔一個人的理想⋯⋯

漸漸地，兩個人在一起生活的時候，話越來越少了，有時說不了兩句，老公朱洋覺得楊豔真的是太膚淺了，與其浪費吐沫，不如選擇沉默。

有時候，楊豔想和自己的老公交心，可是發現總是說不到一塊兒，用老公朱洋說的一句話就是：「你說的究竟是些什麼啊，簡直是牛頭不對馬嘴。」

　　往日幸福的生活，現在變得沉悶不已。楊豔非常懷戀當初兩個人在一起打工時候的快樂時光，她發現自己的老公變了，變成了另外一個人了，變成了一個和她不再有共同語言的人。

　　楊豔有點後悔，當初鼓勵老公去學習文化，去考大學，可是現在遲了。

　　不久後，楊豔和老公朱洋便離婚了。

　　由此可見，夫妻間的共同語言，是維繫婚姻生活的紐帶，它維繫著夫妻之間能否做到心心相印、兩情相悅、互相信任和彼此真誠。換句話說，這種滾燙的、熾熱的、無聲的共同的語言，是女人打開自己老公心靈城堡大門的的鑰匙，只有擁有了這把鑰匙，才能不讓老公為你緊鎖心扉，讓你看到他真正在想什麼，想說什麼，看到他的內心世界。

　　女人要想擁有一個好老公，要懂得時刻培養和老公之間的共同語言，它是你們保持婚姻穩定的保護傘，同時也是讓你們感情充滿激情的催化劑，心

靈深處的共同語言，不僅是婚姻的高層境界，更是夫妻兩個人相濡以沫的基礎。

　　女人，請拿出一些耐心和魅力，走出困惑和迷失，用付出和真誠，去和老公建立屬於你們才能擁有的「共同語言」吧！

心機小練習

　　女人要成就自己的老公，首先要和老公談到一塊兒去，有時候即便口中不說，也會達到心照不宣的默契，這樣老公就不會覺得孤單，即便遇到苦難了，老公也會有傾訴和商量的人。

　　妻子要學會瞭解老公的心思，知道老公的心思就可以投其所好，讓老公覺得自己有一位好老婆，同時老公也會把自己的一些想法告訴妻子，從而討論出最好的辦法。

變身幸福人妻

秀威經典　　　　　生活風格類　PE0080　健康網03

變身幸福人妻
——25個心機小練習

作　　者/佳　樂
責任編輯/林千惠
圖文排版/周妤靜
封面設計/王嵩賀

出版策劃/秀威經典
發 行 人/宋政坤
法律顧問/毛國樑　律師
印製發行/秀威資訊科技股份有限公司
　　　　　114台北市內湖區瑞光路76巷65號1樓
　　　　　電話：+886-2-2796-3638　傳真：+886-2-2796-1377
　　　　　http://www.showwe.com.tw
劃撥帳號/19563868　戶名：秀威資訊科技股份有限公司
　　　　　讀者服務信箱：service@showwe.com.tw
展售門市/國家書店（松江門市）
　　　　　104台北市中山區松江路209號1樓
　　　　　電話：+886-2-2518-0207　傳真：+886-2-2518-0778
網路訂購/秀威網路書店：http://www.bodbooks.com.tw
　　　　　國家網路書店：http://www.govbooks.com.tw

2015年10月　BOD一版
定價：220元
版權所有　翻印必究
本書如有缺頁、破損或裝訂錯誤，請寄回更換

國家圖書館出版品預行編目

變身幸福人妻：25個心機小練習 / 佳樂著. -- 一版. -- 臺
北市：秀威經典, 2015.10
　　面；　公分
BOD版
ISBN 978-986-92097-4-8(平裝)

1. 婚姻　2. 兩性關係

544.3　　　　　　　　　　　　　　104017354

讀 者 回 函 卡

感謝您購買本書，為提升服務品質，請填妥以下資料，將讀者回函卡直接寄回或傳真本公司，收到您的寶貴意見後，我們會收藏記錄及檢討，謝謝！

如您需要了解本公司最新出版書目、購書優惠或企劃活動，歡迎您上網查詢或下載相關資料：http:// www.showwe.com.tw

您購買的書名：_____

出生日期：_____年_____月_____日

學歷：□高中 (含) 以下　　□大專　　□研究所 (含) 以上

職業：□製造業　□金融業　□資訊業　□軍警　□傳播業　□自由業

　　　□服務業　□公務員　□教職　　□學生　□家管　　□其它_____

購書地點：□網路書店　□實體書店　□書展　□郵購　□贈閱　□其他

您從何得知本書的消息？

　□網路書店　□實體書店　□網路搜尋　□電子報　□書訊　□雜誌

　□傳播媒體　□親友推薦　□網站推薦　□部落格　□其他_____

您對本書的評價：(請填代號　1.非常滿意　2.滿意　3.尚可　4.再改進)

　封面設計____　版面編排____　內容____　文／譯筆____　價格____

讀完書後您覺得：

　□很有收穫　□有收穫　□收穫不多　□沒收穫

對我們的建議：_____

_____

_____

_____

11466
台北市內湖區瑞光路 76 巷 65 號 1 樓

秀威資訊科技股份有限公司　　　收

BOD 數位出版事業部

....

（請沿線對折寄回，謝謝！）

姓　　名：＿＿＿＿＿＿＿＿＿　年齡：＿＿＿＿　性別：□女　□男

郵遞區號：□□□□□

地　　址：＿＿＿＿＿＿＿＿＿＿＿＿＿＿＿＿＿＿＿＿

聯絡電話：(日)＿＿＿＿＿＿＿＿＿　(夜)＿＿＿＿＿＿＿＿＿

E-mail：＿＿＿＿＿＿＿＿＿＿＿＿＿＿＿＿＿＿＿＿